Jean Benjamin Jouteur

Théâtre participatif
Des maux en Actes

Jean Benjamin Jouteur

Des maux en actes

Jean Benjamin Jouteur

À Maurice, mon père, à qui ce livre est dédié. Humaniste fa-
rouchement individualiste, il m'enseigna la méfiance de tout
ordre établi.

Des maux en actes

Jean Benjamin Jouteur

Tables des matières

À Pascale, mon épouse, pour m'accompagner en sachant tolérer mes absences, pour son soutien et ses critiques toujours constructives.

À mes enfants, qui n'ont pas bénéficié de cette capacité d'écoute dont je tente pourtant de faire preuve lors de mes interventions.

Aux compagnies A Contre-jour et Effet-ACT, au sein desquelles j'ai acquis peu à peu, au contact des publics adolescents, toute l'expérience dont je fais part dans cet ouvrage.

Aux comédiens qui ont interprété mes mots, à leur désir si fort d'être vivants sur tant de scènes improvisées !

À Jean-Paul et Denise, mes relecteurs pourfendeurs de fautes, pour leurs conseils précieux

Enfin au Docteur Jacques Laporte qui fut à l'origine des spectacles « Bouteille à la mer » et du « Dernier acte ». La création de ces textes m'a marqué profondément et modifia la vision que j'avais des autres et de leur souffrance.

1 — PRÉFACE

Le bord de scène est sans doute ce mince espace où les acteurs rejoignent le public. Assis, l'on regarde mieux, on observe, on n'est plus acteur. On devient un autre, une sorte de lien, de passerelle, de trait d'union entre des personnages et des personnes, le public.

L'auteur de ce livre vient partager son expérience d'agitateur d'idées. En fait, les idées sont celles des autres : une telle qui soudain mordant à une situation insupportable jette son cri et son histoire, un tel ressassant sa colère devant ce personnage imaginaire, mais tellement réel. Les idées sont celles des autres, car vous ne trouverez ni manipulation ni volonté de séduire ou de convaincre. Pas de message normatif de prévention.

Le théâtre d'intervention sociale mis en œuvre par JB Jouteur est celui du brouhaha puis du silence puis de la violence de la prise de conscience. Une prise de conscience attendue, mais non provoquée par la force. Le théâtre vient par sa distance amener le public à prendre conscience qu'au-delà des faits et émotions personnelles, nous sommes dans une société de semblables. JB Jouteur s'adresse à ses semblables avec une infinie délicatesse, avec un infini respect.

L'intervenant en théâtre social est à l'opposé de la prévention officielle : chez lui pas de message sur les cinq fruits et légumes, chez lui pas de message sur les dégâts des verres d'alcool… Une autre prévention plus subtile qui fait du doute, de l'interrogatif les moteurs de la démarche. Pas de certitude comme d'ailleurs dans la vraie vie. La vraie vie n'est-elle pas là lorsque l'intervenant regarde ému se lever et s'approcher celle qui toute timide et craintive vient dire une opinion empreinte d'authenticité.

Authentique, maître mot, avec celui de bienveillance et de respect.

Mais, direz-vous, le théâtre agite-t-il celles et ceux qu'il réunit ? Il y a les réfractaires, mais cette séance ne va-t-elle pas les marquer ? Il y a ceux dont l'opinion est tranchée, qui apostrophent, qui affirment de façon péremptoire la vérité ? Le théâtre sera-t-il ce grain de sable, ce poil à gratter, ce défaut d'évidence. Rencontre avec la complexité. Si les enseignants savaient combien cette rencontre avec la complexité de la vie est essentielle…

N'ayant de message a priori, le théâtre d'intervention ne suscite ni culpabilité, ni défense. L'intervenant est d'une patience à toute épreuve, et des épreuves ce livre en expose. L'intervenant conduit, mais en toute disponibilité aux regards et aux remarques des uns et des autres. Ce qui compte n'est pas le succès d'un texte théâtral, souvent charpenté et ciselé, ce qui compte c'est une réflexion jaillissante, une colère retrouvant en chemin une autre colère, un affrontement avec un acteur. JB Jouteur est à la fois profondément engagé et complètement détaché de cet engagement. Il n'est pas militant d'idées, mais militant des personnes. Ces personnes rencontrées au hasard des séances, qu'il va agiter, remuer, parfois bouleverser.

Se méfier à jamais des évidences.

Le théâtre n'est pas la vie, dit-on et pourtant, la vie n'est-elle pas une mise en scène au scénario incertain. Le théâtre d'intervention vient proposer de la vie, c'est une proposition dans laquelle chacun est libre d'entrer et de sortir, comme ce livre…

Jacques LAPORTE

Docteur en psychologie sociale

Vice-président de Loire-Prévention-Suicide

Des maux en actes

2 — DÉJÀ QUELQUES COMMENTAIRES !

La meute est lâchée !

L'amphithéâtre, qui depuis ce matin jouissait d'une quiétude monacale, se colore brutalement d'un panel sonore nuancé d'une pléthore d'onomatopées aussi diverses que variées…

Un amphithéâtre est loin d'être le meilleur endroit pour recevoir ce type de séance ! Les spectateurs sont serrés, les déplacements chaotiques, quitter son siège pour se rendre sur le plateau se transforme en véritable parcours du combattant.

Dans un amphi, il est compliqué de tendre les micros HF à ceux qui les réclament. Pas d'alternative, il faut se résoudre à confier les micros aux plus proches regardants et espérer qu'ils circuleront de main en main jusqu'à celles souvent tremblantes de l'orateur. Problème de cette option : Le « passeur de micro » perd la maîtrise de l'outil dont il a la charge, c'est-à-dire du temps de parole, du choix de celui qui va s'exprimer et éventuellement des inepties que ce dernier est en capacité à proférer.

Donc, dans la mesure du possible, l'amphithéâtre est à éviter… Même si, et nous l'exposerons plus loin, il est vital d'être toujours en mesure de s'adapter. Pourtant, comme le confirme à juste titre l'expression consacrée : « Parfois, il faut faire avec ! » Aujourd'hui, nous évoluerons dans ce type d'arène !

Une centaine d'adolescents investissant une salle de spectacles, c'est un bruyant compromis entre l'atmosphère « criée du vieux port », à condition toutefois de remplacer l'accent provençal par le « j'cause banlieue », et l'ambiance expressive d'un après match de foot confrontant deux équipes de hooligans supportant des clubs opposés. : Tout est dans la retenue et l'échange amical (!)

Premier challenge : Ramener le calme. Pas toujours simple. Cette technique du « vous pourriez faire un peu moins de bruit » s'acquiert avec l'expérience… Cependant, un bon moyen de ne pas avoir à « ramener le calme », consiste à éviter de le perdre…

Une salle doit se sentir… Cette « perception » d'avant séance décidera de l'attitude à adopter en tout début de représentation. Plusieurs critères rentrent en ligne de compte…

- Le thème abordé
- Le rythme du spectacle
- Le confort dont dispose le public (confort d'installation, confort visuel, confort audio, etc.…)
- Le lieu de représentation (salle des fêtes, salles de cours, théâtres, amphis, gymnases) j'en passe et des biens pires !
- L'ambiance générale qui règne dans l'établissement. (Notamment rapports des élèves avec encadrement et enseignants)

- La motivation et l'engagement de l'équipe d'accueil
- L'heure de début et de fin de la séance
- Le jour de l'intervention, lundi ou vendredi ?
- Le type de public, son âge, son environnement social, sa classe…

Lorsque l'ensemble de ces informations est appréhendé, et c'est en général chose faite dès la première heure passée dans l'établissement, l'équipe (et principalement le leadeur) est en mesure de prévoir un angle d'intervention. Le bon déroulement d'une séance dépend en grande partie de la façon dont elle va être animée… L'improvisation du style, *« on verra bien comment cela se passe*, est à proscrire. Lorsque l'on voit comment cela se passe… Il est souvent trop tard pour réagir.

L'impression ressentie lors de la première approche sera confirmée (ou pas) par la manière dont les jeunes s'installeront dans la salle. Nous constaterons ainsi :

- Leur degré d'excitation
- La manière dont ils sont pris en charge et dont ils sont rappelés à l'ordre par le personnel d'encadrement.
- Leur façon de communiquer entre eux, de respecter leurs professeurs, de s'entretenir avec eux, les réflexions qu'ils échangent.

Un autre indice se révèle particulièrement révélateur : Les élèves, en s'installant, disent-ils « bonjour » au leadeur. Ce dernier, dans cette phase de l'intervention, se tiendra généralement en salle un peu à la façon d'un hôte accueillant ses invités.

Dès le début de la séance, riche de toutes ses constatations, le leadeur adoptera le « style » qui lui semblera correspondre à la situation. (Décontracté, provocateur, sévère, froid, proche du public ou au contraire tenant ses distances). Dès les premières secondes, il saura s'il doit « réveiller » un public un peu assoupi ou au contraire calmer les ardeurs de jeunes trop excités.

Il peut choisir de parler rapidement, sans temps mort afin de garder son auditoire toujours en alerte, ou au contraire décider de prendre le temps d'expliquer ou de calmer.

En cas de provocation ou de chahut, adopter une attitude agressive ou coléreuse ne fera qu'envenimer la situation. Il se révélera également efficace de toujours laisser une porte de sortie à d'éventuels fauteurs de troubles. Un pénible notoire vous sera reconnaissant de ménager son image devant ses collègues. Si vous parvenez à l'amadouer au prix d'une vanne assortie d'un sourire, il deviendra votre complice, voire votre allié !

Avant de devenir tranchant et d'annoncer clairement à ces chères têtes blondes qu'elles vous cassent sérieusement les pieds (et il a pu m'arriver d'employer quelque image tout aussi colorée, mais indiscutablement plus vulgaire) il est bon de tenter de ramener à soi certains publics difficiles.

De quelle façon ?

Tout d'abord, en s'intéressant à eux, en étant curieux de ce qu'ils sont en mesure de dire ou de développer, en leur donnant le moyen de se valoriser, non pas par cette capacité innée qu'ils ont à « semer le souk », mais par celle, plus difficile, qui consiste à donner son avis intelligemment. Ils cherchent à régner, à se faire remarquer, à exister... OK ! Qu'ils le fassent par la parole et par la qualité de leurs propos.

En les faisant rire aussi... L'humour, la dérision, et pourquoi pas insolence ou provocation, constituent de redoutables outils au service du leadeur... Nos rebelles en herbe doivent comprendre que l'équipe leur faisant face n'est composée ni d'enseignants, ni d'éducateurs et encore moins d'adultes venus les moraliser...

L'ITP (Intervenant en théâtre participatif) n'est le valet d'aucune structure, qu'elle soit enseignante, éducative, idéologique, sociale ou politique. Il n'apporte pas de réponse toute faite aux questions qu'il pose... Seules les réponses qu'il reçoit le motivent. Il ne détient aucune vérité et estime sincèrement (ou très hypocritement) que cette dernière n'existe pas.

Chacun est libre d'exprimer SA vérité !

Il n'est pas non plus un gentil « socio/ humaniste » très cool, venu plaindre ou consoler les pauvres écoliers brimés...

C'est un professionnel proposant un boulot d'écoute et d'échange, un pro de la scène, un pro du théâtre, un pro de la prévention, un pro du dialogue.

Enfin, s'il n'est pas le « complice » des enseignants, il n'est pas non plus le copain des élèves. L'ITP est un adulte, parlant un langage d'adulte et raisonnant en tant qu'adulte…

Bien sûr, le langage « D'jeunes » évolue rapidement et de nombreuses expressions, mots plus ou moins argotiques ou transformés, onomatopées, termes étrangers francisés, s'invitent dans les débats. Les origines de cette évolution du langage sont diverses : Le cinéma, les clips, les émissions ou séries télévision, les pubs, etc.

Notre mission consiste à intervenir auprès de jeunes et donc à dialoguer avec eux. Comprendre ce qui va être dit au cours de ces rencontres, en évitant de réclamer systématiquement une traduction, paraît être la moindre des choses. Aujourd'hui, médias, publicitaires, faiseurs de produits en tous genres ciblent très précisément les publics qu'ils cherchent à atteindre. Si l'on veut pouvoir communiquer efficacement avec ces mêmes publics, il est primordial de connaître les produits qu'ils consomment… Ce qui veut dire, et je reconnais bien volontiers que cela peut parfois désespérer les adultes que nous sommes, qu'il est indispensable de visionner de temps à autre leurs émissions, d'écouter leurs chansons, de voir leurs films, de connaître leurs idoles… Bref de se familiariser avec cet univers « ado », fabriqué de toutes pièces par des « business Showman » de notre propre génération.

L'adolescent consommateur est une cible privilégiée pour les commerçants en tous genres !

Donc l'ITP devra s'intéresser à ce langage parallèle et aussi se tenir informé de cet univers aussi fluctuant que changeant. Cela lui évitera de débarquer sur la planète Mars à chaque nouvelle intervention.

Mais il n'a pas à parler cette langue ! Il est simplement nécessaire qu'il la comprenne. Il n'y a rien de plus ridicule et de maladroitement pathétique qu'un adulte tentant de jouer les ados pour mieux les approcher... Chaque adulte doit utiliser le langage qui lui est propre ! Tenter de le modifier artificiellement en singeant une génération qui n'est pas la sienne, s'apparenterait à une crise de jeunisme mal assumée.

Petit rajout éminemment personnel : En tant que comédiens de langue française, nous avons aussi pour mission de véhiculer son verbe, de l'utiliser tel qu'il doit l'être, de le partager, de le faire connaître, et même de le faire aimer... Sans entrer bien sûr dans le piège de la préciosité, il semble logique d'utiliser un français, non pas châtié, mais correct...

Tout cela doit être compris par les jeunes... Et il revient au leadeur de l'expliquer. De façon bien sûr moins télégraphique que dans ce paragraphe.

Pour en finir avec le chahut, lorsque dans une salle, un brouhaha semble s'instaurer. Lorsqu'une partie du public, trop occupée à échanger des commentaires, n'écoute plus les propos tenus sur le plateau... Pour résumer lorsque le leadeur perd la main, surtout ne pas céder à la tentation de monter le ton ou d'augmenter la puissance des micros... Bien au contraire !

Démonstration :

Devant moi, c'est jour de foire à Saint-Ouen, ok ! Je pose le micro, je m'exprime d'une voix presque inaudible... Un membre de l'auditoire finira toujours par se manifester. Il lancera un : « *Plus fort ! On n'entend rien !* » Cette technique, tout en permettant de repérer des alliés dans la salle, fournira prétexte à négocier la reprise « normale » de la séance.

Ce « rapport de force » peut en effrayer certains... J'ai vu des comédiens blêmir, j'en ai vu d'autres craquer. J'en ai entendu qui se demandaient ce qu'ils faisaient là et quel accès de folie soudaine les avait poussés à accepter de bosser face à des gamins dont l'une des préoccupations principales consiste à déstabiliser ceux qui ont pour prétention d'occuper la scène.

Pourquoi faire du théâtre « dit Social » alors que le répertoire théâtral français dispose de tant de grands rôles à distribuer ?

La réponse sincère que j'avance risque d'en décevoir plus d'un. Elle contribuera peut-être à la destruction d'une légende urbaine bien ancrée dans les certitudes collectives, parce que souvent évoquée par les artistes eux-mêmes.

Ont-ils accepté ce contrat par grandeur d'âme, afin de nourrir cet appétit de bienveillance qu'ils portent à leurs cadets ? Sont-ils les chantres humanistes de ce si bel idéal républicain ?

Que nenni, je vous le dis !

Même si, devant vos yeux émerveillés par tant d'abnégation, ils brandissent sans vergogne ces admirables et si politiquement corrects motifs, je me dois de vous révéler la motivation qui les stimule… Le cachet ! Cette somme souvent très modique qu'ils recevront en échange de leur prestation et qui leur ouvrira des droits à ces allocations-chômage, si chères aux intermittents ! Vous avez bien lu ! Ils travaillent pour un salaire !

Mais qu'on se le dise, travailler pour de l'argent n'empêche en rien l'efficacité… Bien au contraire…

Je n'évoquerai pas les méfaits causés par ces fréquents bénévoles illuminés qui, persuadés de « leur vouloir bien faire », sont à même de mettre au fond du puits l'ensemble d'un projet.

Je précise, pour être tout à fait honnête, que même si le cachet « n'est pas gras », la plupart du temps, le comédien engagé remplit bien le rôle qui lui est confié. À savoir exercer son métier : Celui de jouer la comédie.

Les quelques qualités supplémentaires inhérentes au théâtre participatif lui seront apportées par le leadeur. À condition toutefois que ce dernier mérite ce titre oh combien pompeux.

Il peut arriver à certains comédiens de se « piquer au jeu » La plus grande prudence est alors de mise. À ce sujet j'insisterai sur la phrase écrite plus haut et que tout comédien de théâtre participatif se doit de respecter :

« Le comédien remplit le rôle qui lui est confié. À savoir exercer son métier : Celui de jouer la comédie. »

Le comédien de théâtre participatif n'est pas un thérapeute. Il n'en a ni l'expérience, ni le recul, ni la formation… Même s'il estime, souvent à tort, en avoir les compétences. Chaque participant, qu'il soit sur scène ou dans la salle, doit comprendre que théâtre participatif et théâtre thérapie sont deux outils différents. Le public est spectateur, il n'est pas un patient engagé dans une analyse.

Il convient également de différencier Théâtre participatif et Théâtre forum. Ces deux méthodes, parfois similaires dans la pratique, proposent à mon sens deux démarches différentes, voire parfois diamétralement opposées.

Le théâtre forum est une technique de théâtre, mise au point dans les années 1960 par Augusto Boal, dans les favelas de São Paulo. Il est une des formes du théâtre de l'opprimé. Les comédiens présentent une ou plusieurs saynètes sur des thèmes illustrant des situations d'oppression ou des sujets problématiques de la réalité sociale. À la fin de la scène, dont la chute ne peut être que catastrophique, le meneur de jeu propose de rejouer le tout et convie les membres du public à intervenir à des moments clés lors desquels il pense pouvoir dire ou faire quelque chose qui infléchirait le cours des événements. En d'autres termes, il les invite à résister à l'oppression. Il s'agit d'une technique théâtrale participative qui vise à la conscientisation et à l'information des populations opprimées d'une façon ou d'une autre.

Ce type d'actions, militantes par définition, ne peut que difficilement faire preuve d'une réelle objectivité. Lors des prémisses (scène-modèle) oppresseurs et opprimés sont implicitement désignés. Les personnages et les situations sont la plupart du temps caricaturés, sans réelles nuances. Pour faire simple, il y a les gentilles victimes d'un côté et les méchants persécuteurs de l'autre. Le public est placé dans une démarche de résistance.

Boal s'inspira fortement d'un concept de théâtre traditionnel malien : Le Kotéba. Chaque année, après la saison des récoltes, les villageois se réunissent pour assister à des saynètes mises en place par les jeunes du village. À travers elles, on se moque du comportement d'habitants, facteurs de dysfonctionnements ou générateurs de tensions. Les acteurs peuvent tout dire, mais sans jamais désigner nommément quelqu'un. Dans les palabres qui suivront les saynètes, les villageois proposeront des solutions susceptibles d'apaiser les conflits abordés. Le public est placé dans une démarche de médiation.

Boal, dans sa volonté de créer un outil de résistance à l'oppression politique, fit le choix de ne pas inclure dans son concept l'aspect médiation du « Kotéba ». C'est pourquoi, alors que le modèle « théâtre de l'opprimé » influença mes toutes premières créations, je décidais promptement de m'en écarter afin de rétablir cette notion d'arbitrage neutre si fondamentale à mes yeux.

Je prétends que dans la plupart des situations conflictuelles, il n'existe ni réel méchant, ni parfait gentil, mais de simples personnes qui, confrontées à certaines circonstances, adoptent des types de comportements qui, à leurs yeux, semblent appropriés. Le théâtre participatif, tel que je le conçois, n'a pas pour objectif la transformation du sujet. Il tend simplement à démontrer qu'il est possible d'analyser les agissements d'un individu dans l'intention de modifier ses rapports avec l'autre. Dans les « modèles » que j'échafaude, je n'intègre pas quelques adorables affrontant de teigneux malfaisants lors de parodies d'évènements. Je m'efforce de réunir des hommes, des femmes, des enfants qui, vivant des expériences parfois douloureuses, interagissent comme ils le peuvent.

Mais revenons-en à notre meute de déchaînés !

« Ce sont des fauves échappés de l'enfer ! »

C'est la conseillère principale d'éducation qui, en nous accueillant, a jugé utile d'asséner à nos oreilles affolées cette terrible vérité ! Elle a même cru bon de rajouter :

« Impossible de tirer quoi que ce soit d'eux ! D'ailleurs, la séance de théâtre, qui eut lieu ici même le mois dernier, s'est très mal passée ! C'est bien simple, les comédiens n'ont pas pu terminer ! »

« Merci Madame, très rassurant ce que vous nous dites là ! Et quel était le thème abordé ? »

La dame fouille dans sa pochette dont elle extirpe un Fly un peu froissé qu'elle me tend... Je lis : « *Énergies positives, spectacle interactif sur l'énergie et la transition énergétique* »

Le thème n'a pas passionné les chers bambins... Il faut dire que le titre n'est pas simple... « *Si votre ramage se rapporte à votre plumage »* aurait dit le renard de la fable… Les lycéens ont choisi un moins poétique : « Je m'endors ou je fais la foire ! »

« *En fait,* poursuit la dame, *ils étaient très dirigistes. Ils apportaient beaucoup d'informations et posaient des questions pour lesquelles ils attendaient des réponses précises. Alors, bien sûr, nos jeunes se sont lassés rapidement.* »

Bien sûr. Silence. Elle attend critique et commentaires. En vain. Nous ne sommes pas là pour épingler des collègues. Même si parfois, il faut bien le reconnaître, cela nous démange ! Pour nombre de comédiens, le théâtre dit social est un filon, ou plutôt une façon subventionnée d'exercer une profession déjà bien encombrée.

Mais je m'égare !

Petit flash-back qui va nous propulser quelques heures plus tôt.

3 — L'ARRIVÉE

Nous sommes partis ce matin un peu avant six heures. Je conduis. Deux heures et demie de route, si tout va bien.

Dans le minibus, le moteur ronronne et la radio ressasse toujours les mêmes informations. Depuis le début du mois, nous nous voyons presque tous les jours. Nous n'avons plus grand-chose à nous raconter !

Didier prolonge sa nuit. Avec lui, l'épisode « Déplacements » débute invariablement par le même générique : Il grimpe dans le véhicule, accorde un rapide « bonjour ! » se vautre sur la banquette arrière puis s'endort... Il ne refera surface qu'une fois le voyage achevé...

Les deux filles sont devant, avec moi... Silencieuse, attentive, surveillant ma conduite, Gabrielle observe la route. La vitesse du véhicule, ma vigilance, les radars routiers, les dépassements dangereux... Rien n'échappe à son contrôle... Un véritable copilote de rallye... Que je fasse mine de m'assoupir, que je fasse un écart, et me voici rappelé à l'ordre par un puissant : « Hop ! Hop ! Hop ! » Cela me rassure... Au moins, je ne suis pas seul à veiller...

Bernadette ne lâche pas son portable. SMS et pianotage en continu… J'ignore pourquoi, cela finit par être agaçant. D'ailleurs qui peut lui répondre à une heure si matinale ?

Parfois, elle pique du nez, parfois elle révise son texte, parfois encore elle conte quelques croustillantes anecdotes de scène à sa voisine qui les écoute à peine.

Connecté à mon volant en un silencieux tête à tête, je me lance dans un long monologue intérieur à tendances cogitations tortueuses. On n'évoque que très rarement la solitude du chauffeur de minibus ! Entièrement dévoué au bitume qui défile sous le capot, il n'appartient pas à la classe « passagère ». Il vit dans la dimension du « *conduis et tais-toi !* » Il ne perçoit que quelques bribes de conversation.

Presque trois heures d'un voyage sans histoire digne d'être rapportée, si ce n'est les bouchons habituels. De sa voix de robot nippon, l'accent en moins, Madame GPS nous prévient : « Vous / êtes arrivé / à destination ! »

Regard balayant de l'équipe… Voici le théâtre de nos futurs exploits… Tout y est !

- Les cohortes de jeunes gens regroupés en meutes et franchissant sans conviction un portail digne de fort Knox. Ça s'interpelle, ça chahute, ça clope, ça s'embrasse à pleine bouche, ça pianote sur son Smartphone.

- Les préfabriqués en forme de blockhaus, les bâtiments défraîchis, la cour goudronnée hérissée de panneaux de basket-ball sans filets et de cages de football tordues.

- Le tas coloré de sacs dispersés sous les préaux

- Enfin, informant le visiteur qu'il pénètre dans un lieu républicain, l'indispensable drapeau bleu/blanc/rouge qui ne flotte pas au vent, avec à ses côtés le visage aseptisé d'une Marianne éteinte accolée au logo du conseil régional local…

Pas de doute, nous sommes bien arrivés à destination ! C'est glauque comme un lycée de Province !

Sans un mot, Didier s'extirpe du véhicule… Il va fumer sa clope quelque part sur le trottoir… Depuis déjà de nombreuses années, interdiction de fumer à bord !

Gabrielle lance un : « Bon, j'y vais ! » résigné. Feuille de route à la main, elle sort à son tour du minibus et s'éloigne. Chaque comédien, en plus de son travail scénique, se voit souvent confier une tâche complémentaire. Auprès de nos clients, Gabrielle joue le rôle d'ambassadrice. Elle part se mettre en quête de notre contact au sein de l'établissement. Cette démarche peut se révéler rapide, mais elle peut aussi se transformer en « Plan galère », tout dépend de la structure d'accueil, de ses qualités d'organisation, de ses capacités à communiquer, du sérieux et de la motivation dont elle fait preuve.

Et aujourd'hui ce n'est pas gagné !

Obéissant à un son s'apparentant à la plainte d'une corne de brume asthmatique, les élèves ont été avalés par les bâtiments affamés… Quelques retardataires courent comme des dératés puis, dans la cour désertée, s'instaurent enfin quiétude et paix retrouvée !

Je fais les cent pas autour du camion. Lorsque l'absence de l'éclaireur s'éternise, il est raisonnable de s'attendre, sinon au pire, tout au moins au « pas facile ». Je m'apprête à lancer Bernadette dans une périlleuse expédition de recherche lorsque j'aperçois enfin la fine silhouette de Gabrielle. Je devine, à sa moue dubitative, que mon flair ne m'a pas trompé : L'affaire n'est pas simple !

Je lance un « *alors ?* » inquiet.

« *Au premier abord, ça craint ! En fait, ils m'ont tous regardé avec des yeux de merlan frit en se demandant qui j'étais. L'infirmière qui a monté le projet est en congé maternité depuis une quinzaine et sa remplaçante ne travaille pas le vendredi. La CPE semble plus ou moins informée de notre venue, mais elle reçoit des parents. L'amphi mis à disposition pour les spectacles est occupé jusqu'à dix heures… »*

« *Et les jeunes de l'atelier ?*

« *Une surveillante est en train de faire des recherches, je lui ai donné mon numéro de portable. Elle me tient au courant* »

Bref ! Ce n'est pas gagné ! Et pourtant, Patricia, notre « chargée de relations » s'était acquittée avec le professionnalisme procédurier qui la caractérise de cet indispensable travail en amont.

Quoi qu'il en soit, lorsqu'une séance débute aussi mal, il est primordial de ne jamais se laisser aller à l'affolement, au découragement et encore moins à l'énervement.

Garder son calme, faire des propositions raisonnables. Tenter, tout en énumérant ce dont l'équipe a besoin pour travailler, de prendre la situation avec humour, si possible en la dédramatisant. Se mettre à dos le personnel d'un lycée en adoptant une attitude négative ne fera jamais évoluer une situation, bien au contraire… La clef du succès réside dans le dialogue et dans le partage des peines et des griefs…

Je précise tout de même que patience et compréhension ont des limites et qu'il serait déraisonnable d'accepter… Cette règle ainsi énoncée, je me propose de l'illustrer par un premier interlude à mon récit que j'ai, à juste titre baptisé :

L'interlude du

« Là, tout de même, ils exagèrent ! »

Au téléphone, quelques semaines avant la représentation, le client, Monsieur G… Organisateur du projet, juge utile, de me préciser :

« C'est une date importante ! Votre public sera composé d'éducateurs, de psychologues, d'enseignants, d'animateurs, de soignants, de responsables des structures. Bref, de tout un parterre de professionnels qu'il vous faudra convaincre ! La tâche est délicate, votre prestation sera commentée, voire critiquée… Acceptez-vous la mission ? »

On se croirait dans un épisode de « mission impossible » ! Bien sûr, je l'accepte la mission… D'ailleurs soulever des commentaires n'est-il pas l'objectif premier de nos interventions ? Quant à convaincre : Convaincre qui ? Et convaincre de quoi ? Que le cannabis est un produit qui peut se révéler dangereux ? Qu'adolescents et parents ont parfois du mal à communiquer ?

Mettons-nous d'accord : notre but n'est pas de convaincre… Nous présentons des situations inspirées de la réalité. Nous donnons la parole. Nous récoltons des avis. Nous mettons en relation des individus différents, des façons de penser différentes, des comportements parfois opposés, nous ne détenons aucune vérité et ignorons s'il existe des solutions aux problèmes que nous soulevons… Nos outils sont l'échange, le dialogue, l'écoute et la neutralité… En aucun cas nous ne venons « placer » un énième programme de prévention, nous n'avons rien de politiciens !

Monsieur G… ne semble pas offusqué par cette petite mise au point à peine écoutée. Il interroge :

« Combien de temps dure votre intervention ? »

« Pas plus de 90 minutes… Modèle et débat compris.

« Il faudrait que votre séance ne dépasse guère les 45 minutes... une heure au maximum... Vous comprenez, vous commencez à 14 heures et le docteur M... Psychiatre parisien réputé... Vous connaissez ?

« Non ! »

« Tant pis... Quoi qu'il en soit son avion atterrit à 13 heures à Lyon/Saint-Exupéry. Le temps qu'il arrive et qu'il se prépare, sa conférence devrait débuter à partir de 15 heures... »

Bon, me dis-je, il va falloir que j'aménage le texte, que je réduise quelques scènes, que j'adopte la logique « Chrono » lors des plages d'interactions. L'exercice n'est pas nouveau... Je donne mon accord.

Une semaine passe, puis deux... Une fois de plus Monsieur G... est au téléphone...

« Bonne nouvelle ! Finalement, l'avion du Docteur M... atterrit à 14 heures... Vous avez donc vos 90 minutes... Nous aurons ainsi le plaisir de découvrir votre intervention dans son intégralité... »

OK ! Tant pis pour le temps passé à retravailler le texte, à prévoir une animation plus nerveuse, à informer les comédiens des modifications, à mémoriser des dialogues resserrés. Décidément, ce Docteur M... est plus important que « Dieu le père » en personne ! Toute cette journée consacrée à la prévention cannabis semble tourner autour de son intervention.

« Et encore, lance Mme L... dame imposante et joviale, chargée de nous recevoir le Jour J, vous ne savez pas tout ! Ce Docteur M... nous coûte plus cher à lui tout seul que vous cinq réunis ! Son mode de locomotion, ce n'est pas, croyez-moi, le minibus ! Et bien sûr, Sa Majesté toubib premier ne saurait se contenter d'une nuit au Novotel, et encore moins d'un simple plat du jour pris dans la gargote locale !

Je cite la tirade de mémoire... Assurément, il existe quelques désaccords dans l'organisation de la journée, mais ce n'est pas notre problème !

Il est 14 heures... Je m'apprête à lancer la séance... Monsieur G vient à moi...

«Je dis simplement quelques mots de présentation et je vous laisse la place... Je peux utiliser votre micro ? »

Je lui tends un micro, dans lequel très vite il se met à brailler... Courroucé, il me lance un impératif :

« Ça sature ! Vous ne pouvez pas baisser le son ? »

J'ai envie de lui expliquer que l'utilité première d'un micro réside dans le fait qu'il est inutile de hurler dedans... Je lui recommande simplement de parler un peu moins fort...

Il commence son discours... Longue présentation des financeurs, de la structure qu'il dirige, de son historique, de son engagement. Il annonce la présence à venir du docteur M. Puis vient le tour des remerciements... Merci à untel, et à untel, et à untel. La liste est longue et le temps passe !

Apparaît l'élu de service... L'un des nombreux partenaires du projet... Une fois présenté, ce dernier prend le micro à son tour et c'est reparti pour plusieurs minutes d'autocongratulations, d'autosatisfaction, de remerciements, de citations, de slogans politico/socio divers et variés...

Et je cède la parole à... nous avons droit maintenant au sous-directeur du cabinet du préfet... L'inévitable fonctionnaire qui à son tour nous assène sa déclaration de foi... Serrage de main, on se sourit, on s'applaudit ! On se félicite !

À croire que ces trois-là viennent de sauver la planète France des dangers du Cannabis ! Lorsque enfin j'attaque la séance, il est plus de 14 h 45 !

« Ne vous inquiétez pas, me rassure Monsieur G... Vous avez tout votre temps...

Le « show » des huiles nous a coûté de précieux quarts d'heure, j'en suis conscient, cependant, en l'absence de consignes contraires, je conserve le mode « intervention dans son intégralité » en d'autres termes et comme me l'a conseillé Monsieur G, je prends mon temps...

Les trente premières minutes. Le public réagit bien... Il questionne, il participe, il commente, il propose, il se détend : ça marche ! Dans notre jargon, nous disons : La mayonnaise prend bien !

Patricia est à la régie... En fond de scène et à jardin... Elle est à vue, c'est un choix délibéré...

Voici un échange particulièrement riche... Faut-il légaliser la consommation de Cannabis ? Éternel débat ! J'encourage les contradicteurs à argumenter, à échanger aussi... Ils travaillent tous deux dans le domaine de la prévention, leur objectif demeure le même... Ils peuvent s'écouter, trouver un terrain d'entente, imaginer un concept qui laisserait entrevoir une complémentarité...

Tout à mon débat, mais à l'écoute du moindre événement se déroulant en salle, j'aperçois les agitations de Monsieur G. Sans scrupule apparent, il monte sur le plateau, rejoint Patricia en fond de scène, lui souffle deux ou trois confidences à l'oreille puis, rejoint sa place...

Le débat engagé est clos... Chacun campe sur ses positions tout en reconnaissant le bien-fondé des arguments qui lui sont opposés... Ce n'est déjà pas si mal !

Alors que Dona, la comédienne qui interprète la jeune Coralie, fumeuse de pétards, s'adresse au public, Patricia me fait un petit signe... Je m'approche d'elle...

« Monsieur G m'a demandé de t'informer : Il t'accorde encore 15 minutes puis tu dois conclure... Le docteur M... est arrivé, il ne faut pas le faire trop patienter.

Quinze minutes ? Alors que nous avons à peine présenté le tiers du spectacle ! C'est impossible ! Patience et compréhension ont des limites et il serait déraisonnable d'accepter l'inacceptable... Principalement quand la qualité du spectacle est en jeu...

Interrompant Dona qui n'a pas achevé son dialogue, je m'adresse aux 250 professionnels installés dans la salle...

« Mesdames et messieurs... On me demande de bâcler en ¼ d'heure plus d'une heure de spectacle... Ce n'est acceptable ni pour les comédiens, ni pour le public... Par conséquent, refusant de résumer en quelques minutes la fin de notre histoire, je décide de mettre fin dès à présent à cette séance. Si l'épilogue des mésaventures de Coralie et de son papa vous intéresse, je ne puis que vous conseiller de contacter Patricia, qui se fera un plaisir de vous adresser un devis en vue d'une prochaine et complète représentation... Je vous souhaite une bonne fin de journée... »

Quelques protestations puis applaudissement de soutien. Monsieur G... n'est pas content... Pourtant, il ne vient pas me trouver... Après l'intervention du docteur M... dans une pathétique tentative de justification Monsieur G s'évertuera à démontrer devant un public « H-

E, c'est-à-dire hors Écoute, que seule la responsabilité de la compagnie dans cette affaire est à déplorer ! Il ne sera pas écouté... Cette « mission » inachevée sera le point de départ de plusieurs partenariats.

La relation Structure d'accueil/Compagnie doit être basée sur le respect... Respect du travail de l'autre et de l'engagement de chacun... Si cette condition n'est pas observée, il est inutile de pousser plus loin le projet...

4 — L'INSTALLATION

Il est une vérité que j'admets avec un soupçon de malice. Les laborieux de l'éducation nationale apprécient tout particulièrement que dans un élan de compassion teinté d'admiration l'on reconnaisse leurs si déplorables conditions de travail : Les cruels manques de moyens dont ils disposent ; Le manque d'organisation (et de jugeote) dont fait preuve parfois leur hiérarchie, voire leur ministère ; La dureté des enfants monstres placés sous leur responsabilité, les classes surchargées ; La vétusté des locaux ; La « maigritude » de leurs salaires… et face à ce panel « d'empêchements d'enseigner en rond », fièrement dressés entre élèves et tableaux noirs, l'abnégation du pédagogue, son désintéressement, son engagement, la force de sa vocation !

Partager avec une saine hypocrisie, toute cette peine revendicative, ne prendra que quelques minutes et permettra assurément d'ouvrir un dialogue qui facilitera la priorité du moment : assurer la représentation.

Le portail s'ouvre… La gardienne vient à nous.

« Vous pouvez approcher votre véhicule pour décharger votre matériel… Vous allez au bâtiment J, Porte 8… Là-bas, tout au fond, près de l'internat… La salle "Rimbaud" est au quatrième étage. »

« Heu… Y a-t-il un ascenseur ? »

« Non, il faudra prendre les escaliers…

Quand le plan galère est installé, plutôt que de lutter, mieux vaut s'acclimater, il ne peut que perdurer !

Traversant la grande cour de goudron, je roule en première et au pas. Il faut avoir l'œil partout ! Des jeunes en tenue de sport courent mollement le long des bâtiments… D'autres, peu motivés, sous l'œil acéré d'un professeur siffleur, jouent à se lancer un ballon rond. Ce doit être ce que l'on nomme « cours d'éducations physiques »

De grandes baies vitrées opaques de crasse, une façade grisâtre, une impression de défraîchie voici le bâtiment J ! Pas très engageant l'édifice ! Nous comptons les portes… Voici la huitième… Au rez-de-chaussée, ce sont des salles de cours… Les lycéens, délaissant pour un moment les propos de leur professeur, regardent notre camion passer.

Point mort et frein à main… C'est parti pour la gymnastique du matin… Quatre étages à monter, à descendre puis à remonter… Et bien sûr le matériel à transporter…

Il nous faut trouver un compromis entre implantation minimum et environnement scénique suffisant. Nous allons escalader les étages une première fois, faire un état des lieux, c'est-à-dire appréhender les moyens techniques mis à notre disposition, puis nous choisirons notre équipement en fonction de cette étude.

Respectant la maxime « *ne jamais rouler à vide* » nous nous chargeons de matériels indispensables, je verrouille soigneusement les portières du camion puis nous nous lançons à l'assaut des escaliers.

Neuf heures passées de vingt minutes... L'atelier d'initiation a déjà près d'une demi-heure de retard... et la salle Rimbaud est fermée à clef. Assis à même le sol, cinq jeunes nous attendent : Quatre filles et un garçon... Ce sont nos comédiens volontaires... Nous nous présentons...

« *Vous avez pu distribuer et apprendre vos rôles ?* » S'inquiète Gabrielle, qui va animer l'atelier.

Non ! En fait, ils n'ont eu les textes que ce matin, des mains du CPE adjoint venu les extirper de leur cours de français. Le secrétariat du lycée a pourtant reçu les dossiers jeunes, il y a plus d'un mois !

« *Mais vous êtes volontaires au moins, et vous savez ce que nous allons faire ensemble ?* »

« *Heu... Ouais... Plus ou moins... On va faire du théâtre ? C'est ça ? Du théâtre de prévention qui parle d'alcool.* »

Qu'ils savent cela, ce n'est déjà pas si mal !

« *C'est quoi déjà le titre de la pièce ? "Autopsie d'un coma éthylique" rudement compliqué comme titre ! Ça veut dire quoi ?* »

Gabrielle explique... Le titre, l'histoire, le concept...

Situation rocambolesque, mais pas vraiment inédite : Son atelier débute devant une porte close… Toute l'équipe installée sur des marches d'escalier…

Échanges de prénoms… *« Debby, tu peux ranger ton portable s'il te plaît »* demande gentiment Gabrielle à l'une des jeunes filles. Debby râle un peu, mais consent à régler l'instrument sur « vibreur » Gabrielle ne manque pas de psychologie, il en faut pour animer un tel atelier !

Je m'apprête à envoyer Bernadette en quête de clefs quand enfin, Madame la CPE apparaît… Elle se présente, s'excuse de son retard puis, déterminée à me fournir quelques explications motivant son accueil tardif, elle m'entraîne dans le couloir opposé.

« Vous comprenez, il m'a fallu gérer un "rendez-vous parent" inopiné… Il s'agit justement d'un problème d'alcoolisation dans le lycée… »

Elle demeure discrète, je crois comprendre cependant qu'hier soir un interne de 16 ans s'est présenté passablement éméché en salle d'étude. Parents convoqués, conseil de discipline à venir… Il sera sans doute mis à pied.

La salle « Rimbaud » ouvre enfin ses portes. C'est un espace tout en longueur et très encombré… La scène est aussi exiguë qu'une voie ferrée. Au plafond, on distingue deux ou trois projecteurs poussifs. Dans un coin, posé sur une table en formica, on aperçoit un PC portable qui a vécu, une vieille chaîne stéréo qui ne vivra plus longtemps, une antique microfilaire recouverte de ruban adhésif rouge et enfin, fière sur un socle et trônant, au milieu du plateau, un imposant téléviseur écran plat flambant neuf....

« C'est notre salle de spectacles, vous avez vu ! Nous sommes équipés ! »

Je regarde Madame la CPE. Vient-elle de me décocher un trait d'humour particulièrement caustique où parle-t-elle sérieusement ? Dans le doute, je m'abstiens de tout commentaire.

« Vous ne manquez de rien ? »

La réponse la plus franche serait très certainement : *« Si de tout »*, mais là encore, je préfère tenir ma langue... L'humour n'est pas compris par tous !

« Non, merci. Nous sommes tout terrain, nous allons nous débrouiller ! »

« Très bien dans ce cas, je vous laisse ! Je viendrai vous chercher à midi pour vous accompagner à la cantine ! »

Alors que Gabrielle débute son atelier, Bernadette, Didier et moi-même entamons l'opération « acheminement du matériel ». Viendra ensuite le temps de « l'implantation scénique »

Tout un programme, qui vu l'état des lieux, nous prendra bien deux heures...

5 — ET L'IDÉE D'UN ATELIER GERMA

Même s'il permet à un groupe de jeunes volontaires d'occuper le plateau en compagnie des comédiens professionnels, son objectif n'est pas d'initier les jeunes à la pratique du théâtre participatif, et ce malgré le nom « *d'atelier d'initiation* » que nous lui avons donné.

Deux à trois heures d'intervention n'y suffiraient pas et il serait bien présomptueux de prétendre le contraire.

D'ailleurs, pour être tout à fait honnête, l'origine de cet atelier se révèle plus économique que pédagogique… Dix comédiens amateurs coûtent moins cher qu'un comédien professionnel… J'explique !

Ce spectacle « autopsie d'un coma éthylique » fut créé en 1993 pour une représentation unique… Une douzaine de comédiens issus de trois compagnies amateurs ligériennes participèrent à sa création.

Le concept emporta un vif succès. Lors des deux mois d'été qui suivirent la première, l'équipe initiale donna une demi-douzaine de représentations. D'autres structures, intéressées par le projet, me contactèrent en prévision de la saison à venir.

Lorsqu'en 1994, ce spectacle, devenant la première création de la jeune « Cie A contre-jour » se professionnalisa, il fallut réduire considérablement les effectifs. Nous fîmes donc appel à des professionnels susceptibles de jouer l'ensemble des personnages… L'équipe fut ramenée à quatre comédiens, un leadeur et un régisseur, soit six personnes (à noter qu'aujourd'hui, bien que le nombre de personnages ait augmenté, l'équipe attachée à ce spectacle ne compte plus que trois personnes).

Il demeurait cependant un problème de taille. En plus de la difficulté technique du partage des rôles, les adultes que nous étions, s'ils voulaient demeurer crédibles, ne pouvaient que difficilement, interpréter les jeunes personnages de l'histoire... C'est-à-dire Tommy 16 ans et ses deux copains du même âge. Pour des raisons évidentes de disponibilité, faire appel à de jeunes comédiens amateurs encore scolarisés n'était guère envisageable.

L'idée d'un atelier germa... Le texte fut adapté, simplifié et l'expérience commença... Très vite, nous nous sommes piqués au jeu : cela marchait ! À chaque séance le spectacle s'éclairait d'un regard différent : celui des jeunes.

Fiers de participer à un projet en tant qu'individu important et non pas en tant que faire valoir, toutes les équipes que nous avons rencontrées lors de ces vingt dernières années ont joué le jeu, à de rares exceptions près.

À chaque fois, dépassant leur peur de la scène, la hantise du regard des autres, celle du texte non su, nos volontaires sont investis... Parfois même des rapports privilégiés se sont tissés entre eux et nous... Ils nous ont parlé, nous ont raconté leur vie, leur problème, leurs peurs, leurs espoirs et leurs doutes.

Ils se sont révélés...

Enrichissante, nouvelle, sans concessions, parfois « brut de décoffrage » souvent politiquement incorrect, la plupart du temps sincère, leur participation aux différents ateliers influença sans doute la mise en place de cette technique de dialogue et d'échange qu'auprès de nos publics, nous avons développée au fil des années.

Ce furent bien sûr de brèves rencontres sans possibilités de lendemain... Avec pourtant parfois le plaisir, et même la fierté, des années après, d'apprendre combien la participation à l'une de nos interventions fut importante, voire capitale, pour certains...

Ce qui amène tout naturellement un second interlude, anecdote précieuse à mes yeux car elle justifie ces quelque vingt années d'actions auprès des jeunes.

L'anecdote de

« Cet atelier qui a tout changé »

Je le reconnais volontiers, très tôt j'ai été contaminé par le virus des réseaux sociaux. Exerçant un métier public, reposant sur l'échange, j'estime normal d'utiliser l'ensemble des moyens de communication mis à ma disposition... Facebook et autres plates-formes me permettent notamment de rester en contact relatif avec certaines structures qui nous ont accueillis ou, plus rarement, avec des jeunes que nous avons formés ou rencontrés. Sans interagir, je suis leur évolution, leur passage en classe supérieure, leur commentaire sur tel ou tel sujet, leur entrée dans la vie active. Eh oui ! Les ados avec lesquels j'ai travaillé à mes débuts ont aujourd'hui une quarantaine d'années ! Mais ils sont peu nombreux à s'inscrire que ce soit sur ma page personnelle ou sur celle de la Compagnie Effet-ACT.

Un soir pourtant, j'ouvre ma page Facebook et je trouve le message privé suivant :

« Si tu es Jean B Jouteur, le prof de théâtre participatif, j'ai été ton élève »

C'est une jeune fille. Son prénom, Leila, ne me dit rien. Son nom de famille non plus. J'ai rencontré tant de jeunes ! Je réponds par message privé.

« Donc tu fus mon élève. Il va falloir demoiselle Leila que tu me rafraîchisses la mémoire. »

Leila explique. Elle me raconte cette série d'ateliers que j'ai animés il y a près de 15 ans. Et presque instantanément, je me souviens. Les noms s'oublient, mais parfois, certains visages et certaines personnalités restent gravés...

Nous sommes dans une banlieue populaire, dans le quartier dit-on communément.

En partenariat avec un centre social, je travaille sur le thème : « Condition des jeunes filles issues de l'immigration maghrébine. Elles ont entre quatorze et seize ans, elles sont une petite dizaine à avoir répondu favorablement à la proposition de la structure.

Le projet : Créer un spectacle interactif à partir d'ateliers théâtre. Le spectacle sera imaginé et joué par deux comédiens de la compagnie et par les filles du quartier. Je suis là pour les aider et pour les diriger. Elles ont baptisé leur œuvre : "Destin de filles"

Quatre ateliers de trois heures pour que ces jeunes filles puissent dévoiler ce qu'elles ont sur le cœur. Elles parlent beaucoup, mais sont dissipées. Difficile de les faire tenir en place. Dehors, les garçons, attirés par le groupe de filles, jouent les matadors. Je demande au responsable du centre de bien vouloir baisser les rideaux afin d'occulter les grandes baies vitrées devant lesquelles "Les sales gosses" font les pitres.

Je dois gérer des tensions, des rancœurs, des jalousies. Elles veulent du texte, puis n'en veulent plus. Elles veulent danser, chanter puis changent d'avis. C'est une vidéo qu'elles veulent tourner !

Je leur explique :

"Je ne suis pas vidéaste, il va falloir vous trouver quelqu'un d'autre"

Le directeur du centre refuse le nouveau projet. Les filles décident de tout arrêter, puis elles reviennent sur leur décision. Les quatre premières heures n'ont été qu'une suite de pugilats, de revendications, de discussions apparemment stériles... Mais j'ai déjà matière à travailler. Ces filles sont un peu paumées. Elles sont en quête d'un "Stylo" c'est-à-dire d'un outil qui leur permettrait de s'exprimer. Je relis mes notes et de nombreuses préoccupations se devinent déjà dans leur réflexion.

Elles doivent gérer leur émancipation individuelle, mais sans pour autant rompre brutalement avec leur famille, ce qu'elles ne souhaitent pas pour la plupart. En même temps elles doivent répondre aux demandes socioculturelles que la société française attend d'elles. On peut facilement imaginer les effets de cette double contrainte sur des jeunes filles que rien ne prépare à affronter ces conflits.

Et puis elles ne cessent de surmonter des obstacles notamment sur le terrain de leur vie privée. Ont-elles les moyens de transgresser la loi de l'honneur familial ? Si elles sont de plus en plus nombreuses à y être décidées, quels en sont les mécanismes et les éventuels dangers à surmonter ?

En ce qui concerne la religion, quelle attitude peuvent-elles adopter ? Que peuvent-elles répondre à leurs frères, à leur père pour qui la religion est "la seule force capable d'empêcher la dérive" ?

"On a envie de s'amuser" me lance l'une d'entre elles, parce qu'après, une fois mariée, il sera trop tard ! »

Au premier atelier, elles sont huit, mais trois quittent la salle en cours de séance.

Au second atelier, nous commençons le travail à quatre, puis deux « nouvelles » nous rejoignent... Dont Leila... C'est une des plus agitées, mais aussi une meneuse. Très rebelle, voire agressive au cours de la première heure, elle se transforme en élément moteur. Elle affirme ses points de vue, secoue ses copines ou les ramène au calme lorsqu'elles partent un peu « en live »

Au terme de quatre heures de » séance houleuse, juste avant de passer la porte, Leila me lance avec un petit air de défi :

« C'est pas facile pour toi m'sieur hein ? Heureusement que j'étais là pour t'aider, on est des killeuses mes copines et moi ! Mais à la prochaine, on sera toutes là, je te le promets ! Va falloir assurer ! »

Et elle tiendra parole. Les troisième et quatrième séances afficheront complet. Dix jeunes filles présentes à chaque rendez-vous. Mais plus fort encore. Leila a réussi à « embaucher » quatre garçons qui demandent maintenant de rejoindre le projet. Ils estiment qu'ils ont, aux aussi, leur mot à dire. Le directeur est d'accord, nous rajoutons une séance de quatre heures.

Le spectacle « Destin de filles » sera un véritable succès. Il se jouera une première fois, dans le quartier, dans la salle polyvalente du centre social, puis une seconde et même une troisième fois dans l'espace communal de la ville.

La chute de l'histoire se situe 14 ans après le dernier baissé de rideau du mois d'octobre 95 lorsque Leila finit son message privé par ce paragraphe que je recopie mot pour mot :

« Tu te souviens JB ? Tu m'avais offert pour la première de "destin de filles" un exemplaire du Théâtre de l'opprimé d'Augusto Boal, c'était mon anniversaire. Je l'ai encore ce bouquin ! Aujourd'hui je vis à Tunis où j'exerce le métier de comédienne metteur en scène. Ici j'ai créé une compagnie de théâtre forum. Je travaille sur des supports de réflexions qui visent à explorer des situations à problèmes et qui permettent d'ouvrir des perspectives d'actions. En fait, je fais ce que tu m'as appris à faire… Avec quelques stages en plus et l'accord de mes parents que j'ai obtenu en partie grâce à "destin de filles". Le premier spectacle, que j'ai monté il y a deux ans traite de la citoyenneté et du droit des femmes, notamment sur leurs lieux de travail. J'aimerais que tu puisses le voir ! »

Si tu lis ces lignes, Leila, tu ne peux imaginer ce que j'ai ressenti lorsque j'ai appris ton parcours ! De la fierté, sans doute, mais surtout ce plaisir d'avoir pu te faire découvrir l'outil qui a rendu possibles ces si importantes actions que tu mènes aujourd'hui dans ton pays.

6 — L'ATELIER D'INITIATION

En quoi consiste cet atelier ?

Il constitue tout d'abord la première prise de contact avec les jeunes de la structure d'accueil… Découvrir nos volontaires apprentis comédiens nous fera connaître par extension notre public à venir.

Le premier travail consiste à leur parler. Non pas sous forme d'interrogatoire, mais dans une véritable logique de conversation. Les jeunes aiment parler d'eux et de leur univers. Si l'on prend le temps de les questionner, si l'on est attentif à leur réponse, ils nous apprendront leur bahut, l'ambiance qui y règne, ses points forts, ses points faibles. Ils nous désigneront les profs « locomotives » de l'action que nous menons. Ils nous décriront leurs enseignants, leurs camarades de classe. Ils nous montreront du doigt ceux dont il faut se méfier, ceux qu'il est préférable de surveiller tout particulièrement, parce qu'ils sont bruyants, violents, rigolards ou dissipés.

Ils nous informeront aussi sur les liens pouvant exister entre leur structure et le thème abordé au cours de notre représentation… Existe-t-il un vécu, une actualité précise, une affaire en cours, un contentieux… Comment les élèves la vivent-ils ?

Toute une série d'informations qu'il est indispensable de connaître avant de se lancer dans l'arène.

Tout au long des trois heures qui nous sont allouées, nous allons familiariser les jeunes au travail de la scène. Comment parle-t-on sur un plateau théâtre, face à un public ? Comment se tient-on ? Comment reste-t-on concentré ? Nous évitons les grands discours et les grandes théories… Nous sommes là pour les aider, par pour leur farcir le crâne de révélations fumeuses concernant « L'art du théâtre ».

Tiens-toi comme ça si tu veux être vu ! Dis-moi ton nom très fort que je puisse l'entendre du fond de la salle… Lis ton texte et approprie-le-toi en y plaquant tes mots, tes expressions à toi… Bravo ! Tu te débrouilles très bien ! Tu vas te déplacer comme ci, tu vas te déplacer comme ça ! Nous sommes fiers de toi et tu peux l'être aussi !

Un semblant de mise en scène, une valorisation constante des jeunes, quelques « trucs » faciles à retenir : Voilà en quoi consiste notre atelier. On se veut confiant et rassurant. Tout va bien se passer ! On répète encore, et encore une fois.

« Vous êtes prêts ? Tout à l'heure ce sera la répétition générale avec les comédiens professionnels. Vous leur donnerez la réplique. Qu'est-ce qui t'arrive jeune homme ? Les comédiens pros t'intimident ? Et ? Tu ne sais pas très bien ton texte ? Ne t'inquiète pas, certains d'entre eux non plus ! Et pourtant, tu sais quoi ? Eux, ils ont été payés pour l'apprendre ! »

Nos apprentis dramaturges prennent de l'assurance. Comme tout bon matassin qui se respecte, ils cabotinent et parlent fort. Cherchant à se faire remarquer, ils rajoutent du texte, étoffent inutilement leur personnage et surtout s'adressent à nous comme si nous étions des copains. Deux heures d'atelier deux heures d'attention, c'est beaucoup leur demander… Une vanne, une chute, une réplique loupée ou détournée, et ça part un peu dans tous les sens.

Ricanements, gloussements, blagues vaseuses.

Les micros passent de main en main. Chacun y va de sa chansonnette ou de son discours improvisé. Nous les laissons délirer quelques courts instants, il faut savoir décompresser, puis il est temps de rappeler à nos histrions les limites de la scène que nous partageons. S'il veut faire son cirque, le clown a besoin d'être vu et entendu par un public. Enlevez-lui cela, il se taira.

Quoi qu'il en soit, L'heure de la récré a sonné !

Plongeant la salle dans une presque pénombre, je coupe les projecteurs. Murmures de protestation. Vent de révolte :

« Lumière ! »

« On n'y voit plus rien ! »

Les comédiens de l'équipe désertent sièges et plateau. Ils ont compris le message et filent à présent préparer le filage en coulisses.

Je baisse les potards de l'ampli. L'un des jeunes, celui qui depuis quelques minutes nous improvisait un rap aussi endiablé qu'exaspérant, constate que sa voix n'est plus amplifiée.

« Alors quoi m'sieur ? Il marche plus le micro ! »

« Eh oui, il marche plus le micro. Alors, tu vas le poser délicatement sur son pied. Voilà, merci ! Et maintenant vous sortez tous prendre l'air un moment. Vous avez dix petites minutes. Un petit détail encore : Je m'adresse à toi le rappeur, mais cela concerne aussi les autres. Inutile de me donner du « Monsieur » Vous pouvez même m'appeler par mon prénom si ça vous tente. Par contre, pour le tutoiement, il faudra attendre quelques années que l'on fasse plus ample connaissance. OK ? Alors à tout à l'heure, bonne récré et profitez-en pour réviser.

Si la relation engagée par un ITP avec jeune apprenti comédien volontaire obéit aux imprévus de toute relation humaine, cette rencontre prend néanmoins une tout autre dimension qu'une relation de camaraderie. Elle s'inscrit dans un projet de formation et obéit à une mission précise dont l'objectif est le spectacle à venir.

Il va sans dire que l'intervenant s'évertuera à susciter la confiance du jeune en lui montrant notamment qu'il est apte à accueillir sa parole. À ce sujet il me semble qu'il instaurera plus sûrement cette confiance s'il est disposé à montrer un minimum de lui-même, pour autant que le fait d'en parler ait une valeur et un sens éducatif et qu'il le fasse avec cette intention. Il témoignera par exemple de ses expériences scéniques, de sa propre formation, de ses choix artistiques ou des rôles qui furent les siens. Il expliquera ses méthodes de travail et même éventuelle-ment ses peurs scéniques, son trac.

À ce propos j. ROUZEL, (Psychanalyste et formateur de travailleurs sociaux) écrit : « *Dans la relation, l'éducateur n'est pas neutre. Il met en jeu sa personne, sa personnalité, ses senti-ments, ses goûts, ses opinions, ses passions, ses représentations de lui-même, des autres, du monde, mais il le fait au service d'une cause qui lui est extérieure et il professionnalise ses actes.* »

7 — VOLONTARIAT OBLIGATOIRE

Il semble utile de revoir parfois la définition de certains mots. J'ouvre donc mon dictionnaire !

Volontariat : *Participation volontaire d'une personne à une action ou à une mission.*

Difficile de faire plus simple ! Et pourtant !

Avec nos jeunes comédiens volontaires, nous sommes attendus au réfectoire. Il est prévu que nous déjeunions tous ensemble en compagnie de l'infirmière suppléante, de l'assistante sociale, du CPE et de quelques rares professeurs intéressés par l'action. Pourtant, Fred demeure introuvable. Notre rappeur a décidé de fuir repas, répétition et représentation. « *Je lâche l'affaire*, a-t-il lancé à ses camarades avant de disparaître. Il était censé interpréter le rôle principal, celui de Tommy.

Tout le staff est sur le pied de guerre.

La conseillère principale d'éducation m'explique sur le ton de la confidence.

« *Nous rencontrons beaucoup de problèmes avec ce garçon. Je recevais encore ses parents ce matin pour justement un problème de consommation d'alcool.* »

Je comprends alors que notre atelier, avec l'accord de parents trop heureux que leur rejeton échappe à la mise au pied ou au renvoi, lui a été imposé.

« Nous avons pensé, que pour Fred, jouer cette pièce devant l'ensemble de ses camarades, en plus de lui fournir un excellent outil lui permettant d'assumer et de réfléchir à ce qu'il a fait, constituait une bonne alternative à une mesure plus sévère ».

En d'autres termes, nous étions les outils répressifs d'un châtiment qui devait amener le puni à reconnaître publiquement sa faute ! Une sorte de purge stalinienne version lycéenne en direction d'un jeune homme un peu trop épris de boisson alcoolisée.

Regard entre Gabrielle et moi... Quelques années de tournées communes nous ont appris à communiquer en silence. Nous sommes d'accord, il n'est pas temps d'expliquer aux personnes qui nous reçoivent le caractère néfaste de l'erreur qu'ils viennent de commettre. Ils prendraient très mal la leçon. J'exposerai un argumentaire, plus tard, par courrier en pesant mes mots, la colère immédiate se révèle toujours mauvaise conseillère. Une riposte non réfléchie serait guidée par l'émotion et l'expérience nous a souvent prouvé que ce genre de réactions amène rarement de bonnes choses. Pour l'heure, il est nécessaire de prendre des distances avec notre problème. Focalisons-nous sur le thème majeur de la matinée : Le spectacle et surtout sur l'un de ses interprètes principaux, Fred qui a disparu.

Nelly, une petite « clappeuse » qui a participé à l'atelier me confie que je trouverai sans doute le loustic en salle de sports. Elle propose de me guider. Je soumets à madame la CPE mon plan d'action.

« Je partirai seul discuter avec Fred. S'il consent à me suivre, nous retrouverons le reste de l'équipe à la cantine, sinon, nous disposerons d'une heure pour former un autre jeune qui jouera texte à la main ».

La dame hésite, puis finit par accepter ma proposition.

« Allons-y Nelly ! »

Au cours du trajet, nous n'échangeons pas un mot. Mentalement et presque malgré moi, je prépare un plan d'action.

OK, je vais tenter de trouver les mots magiques afin de désamorcer le conflit, si conflit il y a, bien sûr !

S'il crie :

« Inutile de crier, je t'entends !

Puis dans l'ordre :

« Je t'écoute »

« Ça te dit qu'on passe un peu de temps ensemble histoire de discuter ? »,

« Tu veux un coup de main ? »

« Tu veux bien m'aider ? »

Nelly interrompt soudain le fil de mes pensées.

« Il est là, j'avais raison. Bon ben, je vous laisse »

Fred est maintenant devant moi, assis sur un ballon. J'approche un tabouret, je m'installe, j'attends.

Il a observé mon arrivée puis a baissé les yeux. À présent, il évite mon regard. Son attention semble entièrement consacrée à l'étude du bout de ses baskets. Elles sont un peu sales, mais exhibent encore fièrement leur marque. Il se mord nerveusement les lèvres, l'une de ses jambes est agitée par un tremblement saccadé. À plusieurs reprises il hoche la tête, comme si, négociant intérieurement avec lui-même, il venait de parvenir à un accord.

Ma présence muette le dérange, j'en suis conscient, pourtant je sais qu'il attend quelque chose de moi. J'ignore quoi. Je vais attendre qu'il parle. Je ne suis pas là pour jouer aux devinettes. Mon rôle consiste pourtant à reprendre en main l'usage de sa parole.

« Il paraît qu'il est dans les traditions de commencer une discussion difficile par un bon repas, et toi, tu viens de me priver du mien »…
« Désolé, mais je ne vous ai rien demandé »
« C'est vrai… Entre nous, en ce qui concerne le repas, je n'ai pas l'impression d'avoir loupé grand-chose ! Elle n'a pas l'air terrible la cantine de cette boîte… Avec mes collègues, on mange souvent dans des "cantoches", alors on s'amuse à leur donner des notes. »

« Elles ont souvent la moyenne ? »
« Ça arrive… C'est plutôt rare… Tu lui donnerais quelle note à la cantine de ton bahut ? »
« Trois, pas mieux… En fait, c'est dégueulasse ce qu'on nous sert à manger ici… »
« Trois ? Aïe ! Je plains mes collègues, surtout Gabrielle qui a l'estomac fragile. En fait, tu m'as rendu service quoi ! … Mon estomac et moi, nous te remercions… »
« Y a pas de quoi ! »

Rapide regard, sourire bref puis haussement d'épaules. Il n'est pas idiot, il sait que je tente d'engager une conversion… C'est lui qui a la main, à lui de définir les règles du jeu, à moi de les accepter ou de les refuser. Si, tous deux, nous nous laissons guider par notre originalité et par notre humour, nous pourrons communiquer.

« En fait, vous êtes psy ou comédien ? »

« Je joue les alcoolos, les mythos, les accros, les violents, les pas beaux, les « pas bien dans leur peau »

« Vous jouez que des gens bizarres ? »

« Ouais ! Il n'y a que ceux-là qui m'intéressent. Mais forcément pour parvenir à leur ressembler, il faut que je cherche, que j'écoute, que je comprenne.

« Un peu comme un psy. »

« C'est ça. Trintignant, un grand acteur, dit que les comédiens sont des gens qui se grattent les croûtes ».

« C'est dégueu ! »

« Ouais, n'empêche qu'il n'a pas tort. Nous sommes des âmes ouvertes et une âme humaine, parfois, ça peut être dégueu... Mais, ce n'est pas mon taf de la juger, je me contente de lui donner la parole. Tiens par exemple le père de Tommy que je joue dans la pièce »

« Le père de mon personnage « ?

Il a dit : « Le Père de mon personnage », il s'est approprié le rôle et revient de lui-même en plein cœur du spectacle que nous avons travaillé ensemble ce matin...

« Ouais, cet homme-là c'est un alcoolo... Il est peut-être responsable de ce qui arrive à Tommy, mais pour moi, ce n'est pas ça qui est important ».

« Et c'est quoi qui est important ? »

« À ton avis ? »

« Je ne sais pas…… Peut-être de savoir pourquoi il boit. »

« Voilà ! Tu as tout compris ! Mon boulot, c'est de prendre conscience de sa souffrance pour que je puisse la partager avec le public ».

Comme pour indiquer qu'il apprécie la démarche, il acquiesce silencieusement. Mais mon explication ne lui suffit pas, il veut comprendre pourquoi.

« Pourquoi voulez-vous partager ce genre de truc ? »

« Pour que le spectateur découvre un aspect de l'alcoolisme qu'il ignorait, celui de la dépendance, du traumatisme, des blessures morales qu'il peut entraîner. Mon boulot, c'est de faire admettre que le malade alcoolique n'est pas simplement ce type pénible, sans volonté, parfois violent, dont on se moque, dont on a peur ou que l'on rejette, mais que c'est aussi un mec qui souffre d'une maladie vachement difficile à vivre et à soigner ».

« Vous avez été alcoolique ? »

« Non, j'ai eu d'autres démons, mais je ne suis pas là pour en parler ».

« Vous êtes là pour parler des miens, c'est ça ? »

« Non, je suis là pour parler de ceux de Tommy. Les tiens, je ne les connais pas et ils ne me regardent pas »

Silence, assez long, puis il reprend.

« Les collègues, ils vont penser quoi de moi ?

« Que tu es un bon comédien, si tu joues bien, ou un mauvais comédien si tu joues mal ».

« Non, je parle par rapport à l'alcool… Je vais passer pour l'alcoolo du bahut »

« S'ils doivent penser ça de toi, ils le pensent déjà. Ta petite histoire, tout le monde, la connaît. À toi de les détromper si tu estimes que ça en vaut la peine. En attendant, Si tu joues le rôle de Tommy, ça ne fera pas de toi un Tommy. Regarde-moi, j'interprète un alcoolo dépressif et violent et, pourtant, je n'en suis pas un »

« Vous ! C'est pas pareil, vous êtes comédien »

« C'est quoi un comédien ? »

« Un mec qui joue un rôle »

« Ouais. C'est-à-dire un artiste qui prête son physique et sa voix à un personnage. Dis-moi, ce n'est pas un peu ce que tu as appris à faire ce matin ? Si ? Alors, toi aussi t'es comédien. »

« Je suis obligé de l'être ? »

« Non. Si tu ne viens pas, ce n'est pas grave. Je demanderai à ton pote Eddy de reprendre le rôle ».

« Il sera nul Eddy »

« Peut-être, mais il sera là et le spectacle se fera. Avec ou sans toi. »

« Il se fera avec moi »

« D'accord… Tu as faim ?

« Non, je préfère aller directement à l'amphi

« OK, on va à l'amphi. J'appelle Gabrielle pour la rassurer. En fait, elle flippait d'avoir à se passer de toi ».

« C'est toujours comme ça avec moi, les filles, elles ne peuvent jamais se passer de moi »

Je clos ce chapitre par un petit commentaire positif, à défaut d'être élogieux. Il attestera de la nécessité de regarder au-dessus des maladresses afin de percevoir l'autre visage de certains personnages.

Nous sommes installés dans la salle en laquelle, tout à l'heure, le spectacle aura lieu.

Fred relit son rôle, moi le mien, quand une surveillante passe la porte de l'amphi. Elle dépose un plateau sur une table.

« Madame Audouard vous a fait préparer deux plateaux en cuisine. Il y a un friand chaud, une tranche de jambon, du fromage, du pain et un dessert chacun. »

Merci encore, Madame, pour cette délicate attention. Même si votre cantine n'obtient que la modeste note de trois sur 10, levé depuis cinq heures du matin, j'avais vraiment faim !

Petit aparté concernant l'incident ci-dessus relaté. Nous ne sommes pas toujours informés par les structures d'accueil des « vécus et des expériences » qui ont motivé le choix des thèmes abordés lors de nos séances.

Même si en amont de chaque intervention, je soulève la question du « pourquoi ce choix de thème ? » C'est souvent « en direct » et dans le feu de l'action que nous le découvrons.

Si « l'affaire » est révélée par un élève, en toute logique, il présentera sa version des faits. Ce qui entraînera dans la plupart des cas, une réaction plus que mitigée des personnels enseignants. Ils ne manqueront pas de pousser de hauts cris outrés, non pas lors de la séance comme il serait judicieux de le faire, mais au terme de cette dernière, lorsqu'il n'y a plus personne pour les entendre, si ce n'est un directeur d'établissement qui en règle générale n'a pas assisté à la représentation.

À ce propos, je ne résiste pas à la tentation de rédiger une nouvelle anecdote intitulée :

L'anecdote du thème improvisé

Nous sommes en juin... L'été n'est pas loin... Dans le lycée, l'atmosphère est décontractée, les élèves peu nombreux... Il règne déjà une ambiance de vacance...

Le spectacle du jour : **« Bouteille à la mer »** traite du suicide des jeunes... Un sujet glissant, dur, parfois déstabilisant, qu'il convient de manier avec précaution... Nous nous installons dans le réfectoire, la directrice nous a demandé d'avancer l'heure de représentation. Sitôt l'implantation achevée, nous attaquons...

Première surprise... Les jeunes, assis en un demi-cercle autour de nous, ne sont qu'une vingtaine... Ce qui est parfait pour un thème si délicat... Nous allons avoir le temps de les écouter, de les inviter à développer leurs propos. Ils sont accompagnés d'un professeur... Ils sont calmes... L'intervention commence plutôt bien... Ils semblent intéressés, très vite happés par l'histoire !

Puis nous rentrons dans le vif du sujet... « Estelle, adolescente mal dans sa peau et personnage principal du spectacle, ne comprenant plus pourquoi elle vit, voudrait en finir... Pour que son geste ne demeure pas anonyme, elle jette une bouteille à la mer. Est-ce un appel au secours ou un adieu ? »

Dona, la comédienne, qui interprète Estelle, sait rendre son personnage bouleversant de vérité, les jeunes s'identifient volontiers à elle.

L'ambiance change... Je ressens un malaise... Notre auditoire semble désagréablement surpris... Manifestement, il ne connaissait pas le thème que nous allions aborder. Ils sont décontenancés.

J'allège mes propos. Discrètement, j'invite Dona à « jouer plus léger », incitant le public à plus d'interactivité, je « déthéâtralise » le spectacle...

La prise de parole devient hésitante, difficile... Une jeune fille demande à s'exprimer. Sa voix et ses mains tremblent... Elle commence à témoigner puis fond en larmes... Ses camarades l'entourent, visiblement émus. Le professeur s'approche d'elle, il a, lui aussi, de la « buée » dans les yeux... Il m'est impossible d'ignorer une telle situation. Je suspends le cours normal du spectacle...

« Il se passe quelque chose ou il s'est passé quelque chose... C'est évident... Vous êtes libres de me dire de quoi il s'agit, mais aussi bien libres de vous taire... C'est votre histoire. Le spectacle quant à lui peut poursuivre ou être définitivement interrompu... Parlez-en entre vous et faites-moi connaître votre décision... »

Ils choisissent de continuer et aussi de se confier. Utilisant ce formidable outil de communication que peut fournir le théâtre, un garçon vient raconter à Estelle, notre personnage, le drame qui s'est déroulé l'an passé. Une copine, en classe de troisième, a mis fin à ses jours... Personne n'avait perçu l'étendue de son mal-être... Le professeur prend la parole... Il était le prof principal de la jeune fille cette année-là... A-t-elle tenté de lui parler ? Sans doute, peut-être... Il ne sait pas, il est persuadé de ne pas avoir su écouter...

Le garçon finit son intervention par une poignante conclusion délivrée à Estelle... : « Ne fais pas comme A...... Estelle, ça fait trop mal ! Reste avec nous, tu verras, ça vaut le coup »

Le rideau (virtuel) tombe... Fin de l'intervention. Comme mes partenaires, je suis ému, ravi et furieux...

Ravi que la séance se soit ainsi déroulée, ravi que nos participants aient choisi de parler... Mais furieux de ne pas avoir été prévenus... in extremis, Patricia et moi retenons Dona qui s'était mis en tête de faire irruption dans les locaux de la direction afin d'y exprimer sa colère... La situation l'a vraiment secoué.

Patricia la calme et la raccompagne au réfectoire... Je profite de l'occasion pour souligner que ce qu'elle s'apprêtait à faire, c'est-à-dire provoquer un scandale, même si la démarche semblait justifiée, n'entrait pas absolument dans le cadre de ses compétences... J'emploierai même le terme de faute professionnelle... S'il y a problème ou désaccord avec les structures d'accueil, c'est au directeur artistique ou à la chargée de relations publiques, de représenter la compagnie auprès de ces dernières. En aucun cas un comédien ne doit s'accorder le droit de faire le « coup de poing » avec les programmateurs... Si le besoin de se passer ses nerfs sur quelqu'un se fait trop impérieux, qu'il choisisse son directeur ou bien ses partenaires pour punching-ball !

Je demande à voir la principale... Elle me reçoit... Je lui expose sans détour mon mécontentement... Voici l'explication qu'elle me soumet... Explication qui je l'avoue me laisse pantois.

« Bien sûr, nous n'avions pas informé nos jeunes du thème abordé puisque nous l'ignorions... Nous avons choisi ce spectacle pour son titre, un peu au hasard et aussi parce que c'est le titre d'une chanson connue...

Ces vingt jeunes, pour lesquels vous avez joué, sont ceux qui n'ont pu partir, faute de moyens, en voyage de fin d'année à l'étranger. Nous avons programmé ce spectacle afin de les occuper cette après-midi. Vous comprenez certains profs sont absents puisqu'ils sont accompagnateurs de groupes... Alors comme il nous restait une petite enveloppe de subvention.

Quant au suicide oui, hélas, il y a eu un l'an passé en classe de troisième... Mais c'était au collège ! Ici, nous sommes au lycée...

Étonnant non ! Et je vous assure que je n'invente rien !

8 — UN DÉBUT DE SÉANCE CHARGÉ !

Alors qu'ils s'installent, en fond de salle comme d'habitude, je les compte mentalement. 121. 122 123… Il en rentre encore et encore. Ils devaient être 120, jauge maxi, ils seront plus du double. Une prof que j'ai croisée dans la matinée s'approche.

« Vous ne devriez pas prendre un micro pour leur dire de s'asseoir devant ? Les quatre premiers rangs sont encore vides »

Je lui explique :

« Non, je ne prendrai pas un micro, mais si vous le faites vous-même, ou si vous trouvez quelqu'un, surveillant ou autre pour opérer, ça serait bien ! »

Elle me dévisage, manifestement ma réponse, en plus de la surprendre, ne lui plaît guère.

« C'est à vous de le faire, c'est votre spectacle »

« Et ce sont vos élèves. Je suis ici pour animer un débat ouvert, en d'autres termes pour échanger avec des lycéens sur le thème de l'alcoolisme, pas pour jouer les services d'ordre ou les placiers. Je ne veux surtout pas établir un rapport hiérarchique entre les élèves et moi avant même qu'ils ne soient installés. »

« Ah bon ! » conclut-elle en s'éloignant, le sourire un peu pincé.

De toute façon à la cadence où ça rentre, les places de devant seront rapidement occupées.

Délaissant la foule chamarrée qui s'entasse, Je passe derrière les taps (*), ultime bastion de tranquillité accordé aux comédiens.

(*) « Taps » : Fond de scène démontable, constitué de rideaux noirs montés sur cadre mobile nous permettant d'aménager des coulisses rudimentaires lorsque la salle n'est pas équipée

À mon équipe, je délivre en quelques mots mes premières impressions : *« Ils sont très nombreux, plutôt excités, assez mal cadrés »*. Aux trois jeunes qui nous accompagnent sur cette séance, j'adresse un sourire d'encouragement. Ils ont le trac, c'est normal. En leur murmurant un « Merde » qui se veut rassurant, je leur « check » la main.

Enfin, j'invite tout ce petit monde tremblant des coulisses à prendre d'assaut le plateau.

« OK ! On y va... Vous ne regardez pas vos copains, vous les ignorez, vous ne répondez pas aux provocations. À partir de maintenant et pendant 90 minutes, vous n'êtes plus des lycéens, vous êtes des comédiens, nous formons une équipe et je compte sur vous ! »

Les comédiens de la Compagnie, Bernadette, Gabrielle et Didier, s'assoient sur des chaises à jardin, nos trois jeunes amateurs s'installent sur des tabourets disposés à cours.

Le décor est modeste : À droite, une petite table ronde en fer cerclée de trois tabourets, au centre, un fût de chêne, encombré de bouteilles et de verres, à gauche un pied de micro et quelques chaises alignées. Colette Maré, qui fut ma prof de théâtre il y a de nombreuses années apprécierait. Elle que j'ai si souvent entendue répéter de sa voix bougonne : *« Décor encombré et mise en scène redondante ne servent qu'à pallier le manque de talent des comédiens et la faiblesse de leurs répliques »*.

Vous étiez parfois un peu extrême madame, mais lorsque vous parliez théâtre, il faut reconnaître que, rarement, vous aviez tort. Aujourd'hui encore il m'arrive d'être le fidèle écho de vos cours et d'utiliser vos mots. Quant à mes élèves, je déclare : *« Le décor n'est pas sur le plateau, il est dans vos têtes, votre rôle de comédien est de savoir le partager »*, j'ai toujours une pensée émue pour vous !

Je m'assois sur le bord de la scène et laisse courir mon regard sur le parterre bariolé. Je repère, installé vers les derniers rangs sur la droite, un groupe de quelques chahuteurs particulièrement actifs. À ceux-là, il va falloir très rapidement leur donner la parole. Tout en haut, une demi-douzaine d'adultes prend place. Visiblement ils n'appartiennent pas au personnel du lycée. J'apprendrai en fin de séance qu'il s'agit d'invités, membre d'une association d'anciens buveurs qui, venus animer la veille des ateliers témoignages, ont été conviés à venir assister à la représentation du jour. Ils ont donc parcouru les presque 50 Kilomètres qui les séparent du lycée dans le seul but de découvrir notre travail. Je profite de ces lignes pour rendre un hommage sincère à tous ces militants désintéressés accomplissant un travail formidable de témoignages auprès des jeunes. Toutefois, j'aurais apprécié que la direction de l'établissement m'informe de leur présence en amont de la représentation.

Madame « S. » Assistante sociale vient à moi : *« Je crois qu'ils sont presque tous là »*

Je ne puis m'empêcher de répondre : *« J'espère, Madame, car la salle est pleine, s'il en arrive encore, il faudra les empiler ! »*

Discrètement je m'approche de Bernadette.

« Fais-moi penser de mettre en caractères gras, en rouge et souligné, la jauge maxi précisée dans les dossiers ».

Jouer dans une salle archicomble est un exercice peu agréable. La plupart du temps, il y règne une chaleur étouffante. Publics et intervenants auront à supporter tout au long de la séance un inconfort généralisé, qu'il soit acoustique, visuel, de jeu, d'attention ou d'installation. Les travées sont hérissées de chaises rajoutées, voire de personnes assises à même le sol, les issues de secours sont souvent encombrées.

Trop nombreux pour participer, mal assis, parvenant difficilement à comprendre les propos tenus sur le plateau ou dans la salle, livrés parfois à eux-mêmes, des groupes entiers d'élèves décrochent puis se mettent à discuter entre eux. Certains profs, confondant sans doute théâtre participatif et garderie pour élèves agités, s'installent en fond de salle pour échanger leurs impressions, pour corriger leur copie ou tout simplement pour jouir d'un repos qu'ils estiment bien mérité ! J'en ai même vu quelques-uns profiter de l'occasion pour passer des appels de leur portable !

Le « brouhaha » devient constant et difficilement gérable. La logique interactive de nos spectacles, qui forcément génère des déplacements en salle, est remise en cause. Les allées et venues du leadeur (Animateur des débats), mais aussi la circulation des micros publics HF, souvent manipulés par les comédiens hors-jeu, deviennent hasardeuses.

En plus de ne pas respecter les normes de sécurité les plus élémentaires, cette déplorable politique du *« on place un maximum d'élèves, afin d'amortir le coût du spectacle »* nuit fortement à l'efficacité de nos interventions. Il est délicat pour un adolescent de prendre la parole devant ses pairs surtout lorsqu'il s'exprime sur un sujet délicat. Lorsque notre équipe parvient, avec l'appui de nos programmateurs, à créer en salle une ambiance relativement intime propice au dialogue, elle obtiendra une réelle interactivité riche d'échanges. Si au contraire, c'est une foire d'empoigne constante, plus ou moins orchestrée par des organisateurs qui, invariablement au terme de la séance, nous reprocheront le fiasco de l'opération, nous ne parviendrons à aucun résultat sérieux.

Se limitant souvent aux « mains levées, c'est-à-dire sollicitant des avis d'ensemble du genre « qui est pour ? Qui est contre ? » Le leadeur ne prendra pas le temps de « creuser plus profond » les prises de parole. Au mieux il « récoltera » des commentaires qu'il ne poussera pas au développement du fait d'une écoute collective peu propice.

Une salle de 30 à 50 personnes parvient assez facilement à « s'écouter ». Les participants, installés dans un espace relativement restreint, demeurent en contact visuel et sonore.

Nous sommes dans une logique de discussion. À l'inverse, un public composé de plus de cent personnes se trouve fort logiquement dispersé dans un plus grand espace. Les participants ne se voient pas (ou ils se voient mal). Par conséquent ce n'est qu'avec leurs plus proches voisins qu'ils demeureront en contact.

Dans de telles conditions, L'utilisation de micros HF devient obligatoire. Ce qui entraîne « La délocalisation » de la voix de celui ou de celle qui expose un avis. La parole ne provenant plus d'une personne, mais d'un haut-parleur, Leadeur et participants ne parviendront que difficilement à situer l'orateur. Souvent, afin de repérer le débatteur, il m'arrive de solliciter de ce dernier une main levée : *« Qui parle ? Tu peux lever la main que je sache où tu es ? »* Nous sommes dans une logique de débat, efficace pour des adultes concernés et demandeurs, plus aléatoire pour un public captif composé d'adolescents remuants. Le respect des jeunes pour nos séances est bien souvent proportionnel à celui des programmateurs à l'égard de notre travail.

Bon ! « Quand il faut y aller, il faut y aller ! » Je donne le « top départ » par un sonore : « *Bonjour à tous !* » Personne ne m'a entendu, je réitère puis me place face à eux. Très proche du public, j'attends, silencieux, les observant.

9 — QUE LE SPECTACLE COMMENCE !

Je ne bronche pas, ni ne prononce la moindre parole. Debout en avant-scène, le micro à la main, je promène mon regard sur la salle, m'attarde quelques secondes sur les groupes les plus bruyants, puis reprends mon exploration visuelle. J'ai tout mon temps, 90 minutes pour être précis. Pour les silencieux qui guettent le début de l'intervention (et ils sont les plus nombreux), mais aussi pour les trublions qui s'agitent, mon mutisme persistant devient… « Assourdissant »… Il surprend. Une vaguelette de « chut ! » prend de l'ampleur. Sans peine, elle vient à bout des irréductibles bavards. Enfin, le calme s'instaure. Deux cents paires d'yeux me lorgnent, m'analysent, me jaugent.

Il subsiste cependant quelques irréductibles ! Vautrés sur leur siège, mâchant à glottes découvertes quelques chewing-gums malodorants, les rebelles me fixent avec provocation, j'ai presque envie de leur lancer un ironique : « Arrêtez ! Vous me faites trop peur ! » D'autres, plongés dans leurs smartphones, maltraitant les touches de leur clavier, s'appliquent à me faire comprendre que quoi qu'il arrive, ils m'ignoreront totalement.

Ceux-là ne me gênent pas… Ils se taisent. Ce n'est déjà pas si mal. La séance va pouvoir s'engager !

Je disais donc : *« Bonjour à tous ! »*

Le « pitch d'intro » est primordial. Il pose les limites, définit les règles du jeu. Son rôle est de dévoiler aux publics qui nous sommes, pourquoi nous sommes là, et ce que nous attendons d'eux. En quelques minutes, « ceux qui n'ont pas demandé à être présents, c'est la définition d'un public que l'on nomme « captif », doivent appréhender que, m'adaptant à leur attitude, je puis être drôle, autoritaire, sympa, sévère, complice, cassant, mais toujours attentif à leur propos. Ce court moment de « Stand Up » est annonciateur du rapport que nous allons tisser lors des 90 minutes qui vont suivre. Par quelques phrases choisies je leur laisse entrevoir que si empathie, oreilles attentives, « neutralité curieuse » et objectivité, constituent mes principaux outils, franc-parler, provocation, insolence, ironie, dérision et éventuellement « coup de gueule », font aussi partie intégrante de mon arsenal… Tout dépend d'eux !

Je pose les bases de cette rencontre qui débute.

Je suis venu recueillir leurs avis, leurs réflexions, leurs interrogations. C'est un espace de libre parole et par extension de libre silence : Je ne force personne. Il n'existe ni bonnes, ni mauvaises réponses. Toutes les opinions, réflexions et affirmations sont à mes yeux importantes ! En revanche, les moqueries, les insultes ne sont pas acceptées. Le respect de la parole de chacun est la règle. Afin de permettre expression et écoute dans les meilleures conditions, je les invite à ne prendre la parole que lorsqu'ils seront en possession du micro. J'insiste sur l'idée qu'ils ne doivent pas hésiter à s'exprimer et que leur avis devra si possible être argumenté, c'est-à-dire expliqué.

Le court délai qui a précédé le « top départ » m'a indiqué quelle attitude je devais adopter. Nous sommes vendredi après-midi, l'un des pires jours de la semaine pour une intervention de ce genre en milieu scolaire, ils sont excités et bruyants. Je dois faire preuve de calme et de pondération, surtout ne pas stimuler leur effervescence en jouant les « chauffeurs de salle ».

Tout d'abord, établir le contact, créer un lien entre eux et nous... Presque un pont qu'ils pourront traverser sans crainte de jugements ou de discours moralisateurs. Quelques questions faciles une écoute active en contrepartie et un échange basé sur le respect mutuel pourront s'instaurer.

Qu'est-ce que le mot « alcool » évoque pour vous ?

Les mots fusent, rebondissent. Certains sont prévisibles : « *Défonce ! Amusement ! Copains ! Danger ! Cuite ! Bourré ! Drogue*, etc... » D'autres le sont un peu moins : « *Drague, hôpital, violence, amitié, accidents de voiture, etc...* »

Viennent ensuite un grand nombre de marques et de produits. Du Whisky au Ricard, en passant par la vodka. Le but du jeu n'étant pas de dresser une liste complète des vins et spiritueux, je les calme par une autre question.

C'est quoi, pour vous, l'alcoolisme.

J'obtiens plusieurs propositions. Toutes gravitent autour du mot : Dépendance :

« *C'est quand on boit beaucoup, que l'on ne peut plus s'en passer, qu'on en a besoin, etc.* »

Une réponse retient mon attention. Elle émane d'une jeune fille, assise au premier rang. Silencieuse depuis le début de la séance, elle semble suivre les échanges avec une douloureuse attention :

« L'alcoolisme, c'est le truc de mon père ! »

Elle a parlé d'une toute petite voix. Je suis à un mètre à peine d'elle. Elle voulait que je sois l'un des seuls à entendre. À ses côtés, celle qui semble être son amie, pose une main sur son épaule. La petite est au bord des larmes. Elle me dévisage, son regard porte une unique et douloureuse interrogation : *« Alors, le bavard, qu'est-ce que tu peux faire pour moi maintenant ? »*

Je lui souris puis m'adresse à la salle.

« Quels sont ceux qui pensent que l'alcoolisme est une maladie ? »

Ils hésitent, s'observent, attendant que d'autres se positionnent. Finalement, cinq lèvent la main, puis dix et enfin quinze. Bientôt les trois quarts de la salle se prononcent : *« Oui, c'est une maladie »*

Je leur donne raison. Un alcoolique est une personne malade. C'est de soin dont il a besoin, certainement pas d'un jugement assorti d'une condamnation.

Bien sûr, les proches doivent parfois demander de l'aide, auprès notamment de professionnels.

Bien sûr, il est nécessaire que de temps à autre, ils se protègent, en se mettant par exemple à l'abri de certains comportements excessifs que la consommation d'alcool peut engendrer.

Bien sûr !

Mais tout ça n'exclut pas l'amour que l'on porte à celles et ceux qui souffrent de cette maladie terrible et souvent non reconnue. Accompagnant d'alcoolique, c'est un savant et difficile dosage entre : Être présent, Être aidant, Être à l'écoute, mais aussi ne pas subir, ne pas culpabiliser… Continuer à vivre.

Lecteur, tu viens d'endurer ma minute prêchi-prêcha… Je le reconnais volontiers. Le paragraphe précédent sonne comme un sermon, il dégouline d'humanisme bon marché… Mais il n'en reste pourtant pas moins pathétiquement vrai. Ces nombreuses années passées à côtoyer des « bois sans soif » de tout acabit m'ont enseigné une chose. La plupart des « vide-bouteilles » que j'ai croisés ont presque tous eu, à un moment donné de leur vie et pour toutes sortes de motifs, besoin de s'automédicamenter. Ils n'ont tout simplement pas choisi le bon produit ! Ils pensaient naïvement se soigner, ils s'empoisonnaient.

Bref !

La jeune fille du premier rang lève la main. Elle tient à donner son avis. Je m'approche, mais avant de lui tendre le micro, je m'accroupis devant elle et d'une voix suffisamment faible pour qu'elle soit la seule à entendre je lui souffle.

« Dis ce que tu as à dire, mais évite les choses qui pourraient te mettre mal à l'aise devant tes collègues et surtout ne t'implique pas trop... D'accord ? »

D'un hochement de la tête, elle me fait signe qu'elle a compris puis elle prend la parole :

« D'accord, l'alcoolisme, c'est une maladie ! Mais je crois que, même si on a beaucoup de mal à couper les ponts d'avec les gens que l'on aime, il y a des moments dans la vie où il faut penser à son bien-être et pas à celui des autres, qu'il soit malade ou pas. En fait, je ne sais pas, mais je pense que... quand on se rend compte que la personne vous fait plus de mal que de bien et qu'en fait, elle vous met en danger, il ne faut pas garder de contact. Aimer de loin, c'est peut-être bien, comme ça, dans le discours, mais ça ne sert pas à grand-chose et ça fait mal, c'est mieux de... faire le deuil de la personne... Enfin, c'est ce que je crois, je peux me tromper. Voilà, c'est ce que je voulais dire »

Elle a dit : *« C'est ce que je voulais dire »* elle a pensé *« c'est ce que je veux faire ! »*

Elle a les yeux humides la petite. Elle se mordille les lèvres tout en acceptant le gros câlin de sa copine. Il lui a fallu sans doute une sacrée dose de courage pour s'exprimer ainsi devant ses camarades. Certains la connaissent, d'autres pas ou peu, mais tous sentent qu'il est en train de se passer quelque chose. Je ne connais pas l'histoire de cette jeune fille, mais il est évident qu'avec ce « presque témoignage, elle vient de prendre une décision. La bonne ? Je n'en sais rien ! Je n'ai pas à juger. Mon rôle n'est pas de contrer, d'homologuer ou même de commenter ses propos. Cependant, je ne puis ignorer ces quelques mains qui se lèvent. Certains jeunes gens réclament leur droit de réponse.

Ça attaque trop fort ! Je n'ai même pas encore eu le temps de présenter l'histoire que j'allais leur raconter que me voici confronté à un débat risquant fort de devenir trop « émotif » voici l'un de ces moments de solitude que craint le leadeur de théâtre participatif. Celui de la décision pas facile à prendre en quelques secondes.

Le théâtre participatif amène le spectateur à transformer le regard qu'il a sur l'autre et sur lui-même. **Cette approche se différencie du psychodrame par le fait que le leadeur ne cherche pas à analyser les raisons psychiques d'un blocage, il tente simplement de les rendre conscientes. Les émotions qui émergent, semblables à celles de cette jeune fille, (et elles sont assez fréquentes) sont accueillies avec empathie bien sûr, mais l'on évite d'aborder des situations trop douloureuses ou personnelles qui dépasseraient le cadre de notre intervention et relèveraient plus de la thérapie.**

J'ai donc deux options

Tout d'abord, la plus sage, je me camoufle derrière un jovial *« merci pour ton intervention, passons maintenant à la suite de notre histoire »* en résumé, je botte en touche. J'abandonne cette jeune fille avec son torrent de paroles coincées dans la gorge, mais je ne prends aucun risque. Il n'est pas très apprécié par les programmateurs qu'un de leurs ados craque en pleine séance.

Option plus risquée : Je laisse le débat s'engager, mais je le contrôle en « veillant au grain » Si, ça devient trop glissant, je clos la discussion.

Flash-back ! Je me souviens de cette séance lors de laquelle je me suis vu dans l'obligation d'interrompre une jeune fille qui, devant une salle médusée, avait pris la décision de raconter le viol dont elle avait été victime.

« *Pourquoi vous ne me laissez pas parler monsieur ? C'est la première fois que je me décide à raconter ça* » s'était-elle étonnée.

« *Parce que ce n'est ni le moment, ni le lieu pour confier cette histoire... Tu as sans doute raison de vouloir parler, mais tu ne dois pas le faire ici, et pas devant 150 personnes que tu ne connais pas ou que tu connais trop bien* »

Elle avait hoché la tête. En fin de séance, elle avait disparu. La demoiselle avait quitté la salle discrètement avant tout le monde. Cependant, l'infirmière scolaire veillait. L'ayant vu s'éclipser, elle l'avait suivi. Cette jeune fille avait enfin pu se confier à la personne qu'il fallait.

OK ! Décision prise, je lance un : « *Quelqu'un désire-t-il réagir ?* »

Ils sont quatre à lever la main : Un garçon et trois filles. Tous, dans leur propos, vont faire preuve d'une discrétion et d'une pudeur assez déconcertante. Les autres garderont le silence. Un silence de qualité, un silence d'écoute.

« Je pense que c'est la bonne décision de partir... Quand on peut ! Il faut penser à ce qui rend heureux et à ce qui pose le moins de problèmes. »

« Je ne suis pas d'accord ! Il n'est jamais trop tard et il existe des super médicaments. Faut juste que la personne malade ait la volonté d'y arriver, et pour ça, elle a besoin des gens qu'elle aime et qui l'aiment ».

« Ça doit être difficile à vivre, mais je pense que pour l'alcoolo, enfin je veux dire, pour le malade, ça doit pas être facile non plus. Mais c'est vrai, ce n'est jamais trop tard pour se soigner

« Je connais une Asso qui s'appelle AL ANON, ils aident les familles, ceux qui vivent avec les alcooliques. Je connais parce que ce sont... des amis de mes parents qui se sont adressés à eux !

Cette séance aura besoin d'un sacré débriefing avec l'infirmière et l'assistante sociale ! À ce sujet le "feedback" d'après séance, qu'il soit mené par des profs, par des intervenants extérieurs, par des infirmières, peut se révéler essentiel à plusieurs niveaux :

Il va tout d'abord permettre de poursuivre la discussion en petit comité et surtout de la préciser en prenant le temps d'insister sur certains points de détail que la séance publique n'a pu évoquer. Il permettra aussi aux jeunes qui ont pris la parole lors de la séance, de voir leur avis valorisé et exploité. Enfin, il permettra éventuellement de prévoir, en partenariat avec les jeunes concernés, un certain nombre de stratégies, au cas bien sûr où ces dernières se révéleraient indispensables.

Mais pour l'heure je vous propose un retour dans le passé. Petit pas de fourmis d'une vingtaine d'années dans le couloir des temps jadis. Nous sommes au siècle dernier, dans les années 92/93… Je suis un jeune trentenaire apprenant. Voici les chroniques d'un coma éthylique (Ou la naissance du spectacle dont vous découvrez dans ces pages le déroulé.)

Chroniques d'un coma éthylique

Dans la salle de spectacles qui depuis un an de formation constitue mon univers, huit apprentis comédiens, dont je fais partie, planchent sur "LA NOCE CHEZ LES PETITS-BOURGEOIS" de BRECHT.

Damien, mon "Coloc." de chambre, me fait de grands signes. Manifestement, il a quelque chose d'urgent à me dire.

"JB, j'ai un truc à te proposer. Le centre social avec qui je bosse me demande de créer un spectacle de théâtre interactif avec pour thème l'alcoolisme chez l'adolescent. Un spectacle de prévention quoi ! Tu peux me filer un coup de main pour l'écriture et la mise en scène ?

Dans notre petit groupe, je passe pour celui qui écrit ses propres pièces et qui les dirige.

Je suis le doyen ; les huit m'attribuent une expérience professionnelle que pour être honnête je suis loin de posséder…

Le projet m'intéresse. Pour un comédien débutant, tout projet qui se présente doit être étudié avec sérieux, examiné, travaillé… et tenté.

Il peut devenir le "déclic" qui vous mettra sur les rails... L'avenir me donnera raison !

Théâtre interactif... Voyons... Cette appellation me rappelle vaguement une pièce de "théâtre forum" ayant pour thème les conduites à risque, que j'ai eu l'occasion de découvrir l'hiver dernier, à l'occasion d'une séance gratuite. Après la représentation, j'ai ramassé un tract qui en résumait les règles. Pour un créateur, la curiosité est un atout majeur.

Le principe paraît simple. Dans une situation donnée, des comédiens proposent un type de comportement. Un animateur demande au public de monter sur scène, de remplacer les comédiens afin de proposer d'autres types de comportements.

Cela semble basique. C'est une sorte de match d'impro adaptée à la prévention.

J'ignore encore tout de Théâtre de l'opprimé d'Augusto Boal. Pourtant, fort de cette maigre expérience, je dis à Damien

"OK, pourquoi pas, je vais y réfléchir"

Tout au long de la semaine, je planche sur le thème, jetant sur le papier des idées, des mots, des situations, une façon de procéder. J'ai une idée du concept, il ne me reste plus qu'à trouver l'histoire.

Le hasard vient encore me servir. Il y a quelques mois, un jeune de 16 ans fréquentant le lycée professionnel situé à quelques kilomètres de mon domicile, a été acteur d'un fait divers qui aurait pu tourner au drame. Séchant les cours avec deux copains, il s'est tout d'abord enivré au bar du coin, puis, armé d'une bouteille d'eau-de-vie achetée chez l'épicier du coin, il a fait le pari de boire cette dernière cul sec... Il a gagné son pari !

Abandonné ivre mort sur la banquette arrière du car de ramassage scolaire, le garçon ne doit son salut qu'à la rapidité de réaction du chauffeur qui, inquiété par son absence totale de mouvement, a appelé les secours.

Diagnostic du médecin urgentiste : Coma éthylique dû à une trop grande absorption d'alcool. Le gamin aurait pu y rester... Je tiens mon sujet !

Sur mon cahier d'écolier, je décortique l'histoire. Je place les personnages. Les parents, les copains bien sûr, le personnel du lycée, le patron du bar, l'épicier qui a vendu la bouteille d'alcool, le chauffeur... Le garçon lui-même.

Qui est responsable ? Ce sera au public de juger. La mésaventure du jeune ne s'est soldée que par une migraine carabinée et par quelques jours d'observations...

À la façon d'un enquêteur, je me "transporte" au village...

"Madame, Monsieur, vous avez entendu parler de cette histoire du gamin qui s'est enivré et qui a fait un coma ?

Les langues vont bon train. Chacun y va de son commentaire.

Il l'a bien cherché !

Tous des délinquants ces gamins du LEP !

Si ce n'est pas malheureux !

Ce n'est jamais qu'une bonne cuite !

L'affaire est bien vite chassée par d'autres potins plus croustil-
lants... Et puis la plupart de ses braves villageois sont tous plus ou
moins pochards... À ce sujet, autre réplique entendue dans le bar du
coin : ce n'est pas "quéques canons" qui pouvaient lui faire du mal ;
non, il y a sûrement autre chose... De la drogue peut-être ! »

J'écoute, je note... Inutile d'inventer des répliques, les origi-
nales sont bien plus percutantes... Il suffit de les adapter et de décider
dans quelle bouche les placer !

Je décide de transformer le regrettable incident en drame. Imagi-
nons que le chauffeur, par inattention ou pire par indifférence, ne réagisse pas... Pas de secours, pas d'hospitalisation... Le jeune est couché
sur le dos, oublié de tous : Sa mort devient presque inévitable. On ne
cherche plus un responsable, mais un ou des coupables, la justice s'en
mêle.

Il y a une enquête, instruction, procès, jugement.

Coupable ou non coupable ? Mon passé de juriste me rattrape.
La fac de droit, cela laisse des traces. D'ailleurs, il n'existe rien de plus
théâtral qu'une cour de justice...

C'est décidé, je ferai de cette pièce un procès ! Le public sera tour
à tout témoin, enquêteur, jurés...

Adapter un fait divers pour en faire un outil de réflexion et de
prévention... Ce concept deviendra l'un de mes favoris.

Vingt ans ont passé. Aujourd'hui, après plusieurs centaines de
représentations, j'anime une fois de plus une séance d'« Autopsie
d'un coma éthylique » à l'intention de 200 jeunes d'un lycée
technique professionnel. Le spectacle a été réadapté plusieurs fois.

Adapter encore et encore ! Un grand nombre de comédiens a du mal à admettre cette quasi-nécessité d'adapter fréquemment les spectacles de théâtre participatif. Ils renâclent à apprendre et à réapprendre un texte évolutif. Et pourtant ! Rien n'est jamais acquis.

Le public d'hier n'est pas celui d'aujourd'hui. L'affaire dont nous débattons ce jour est « à la mode, les médias en parlent, le public navigue en terre connue, mais demain, tout peut-être sera oublié. Un éclairage nouveau sera nécessaire, ce qui entraînera une présentation différente, un canevas original, une histoire touchant de plus près l'actualité.

Et puis les publics changent. Selon les âges, les salles, les lieux, les conditions sociales, les établissements, les événements, les publics diffèrent. Le texte, l'animation, le jeu même, doivent constamment s'adapter...

Tel effet ne marche pas, il n'engendre pas la discussion prévue, telle anecdote n'est pas comprise (ou mal comprise), tels comportements ou propos dérangent dans le mauvais sens du terme, telle situation ne correspond pas ou plus à la réalité, tel personnage « ne sonne pas vrai, tel concept se révèle aléatoire, bref, « La mayonnaise ne prend pas », il faut revoir sa copie. C'est impératif.

10 — TIENS BON LA BARRE !

Huit personnages, quatre comédiens. Nous forçons un peu le trait, mais nous ne caricaturons pas. Les protagonistes doivent demeurer crédibles. Leur singularité, leurs excès, leur émotion, leur vérité leur remord, leur manie, parfois leur bassesse, tout cela fait d'eux de vrais êtres humains. Ils peuvent être tour à tour pitoyables, compatissants, sensibles, insupportables, hypocrites, calculateurs, menteurs, drôles, etc.... Il n'y a pas de méchant dans nos histoires, ni de gentil d'ailleurs. Il y a des personnes qui vivent, souvent malgré eux, des situations qu'ils n'avaient pas prévues. Ils réagissent comme ils le peuvent, le plus souvent de façon imparfaite, mais ont-ils réellement choisi ?

Devant une assistance à présent attentive, un par un, les témoins passent à la barre. Convertis en enquêteurs, les lycéens guettent les failles. Ils ont rapidement compris qu'en donnant leur version des faits, tous n'aspirent qu'à seule une chose : Se disculper. Avec talent, avec maladresse ou faisant preuve d'une mauvaise foi évidente, ils tentent de justifier leur comportement. Chaque personnage a son point faible, ou plus précisément un caillou camouflé dans une chaussure qui, à l'occasion d'un mot, d'un commentaire, d'une réflexion, immanquablement le fera boiter. Ce n'est pas un hasard. En construisant leur déposition, j'ai volontairement glissé quelques contradictions et incohérences.

J'interprète le CPE, Monsieur Florentin. Hautain, méprisant, imbu de sa personne, le bonhomme déclare n'avoir rien à se reprocher. Il a fait son boulot et rien de plus. Ce quidam-là, les jeunes ne l'apprécient guère ! Bien peu concerné par le drame de Tommy, il ne cesse d'énoncer les tristes réalités de sa fonction, tout en profitant de l'occasion pour impliquer dans l'affaire d'autres « paroissiens », notamment ceux du village qu'il apostrophe avec véhémence.

Pour un comédien, interpréter un tel personnage est un régal. Quelques phrases lancées et instantanément la magie du théâtre opère. L'hostilité qui monte dans l'assistance devient presque palpable… Les jeunes sont choqués par les mots que j'emploie, par mon attitude détachée, par mon manque total d'empathie.

Cependant, si l'attitude de ce « capitan » peut être critiquée, son témoignage comporte bien peu de failles. Légalement parlant, M. Florentin ne peut être poursuivi. Nous sommes dans le cadre de la responsabilité morale. Le témoin doit répondre de son comportement devant sa conscience… Pas devant une cour de justice. Tel est le dilemme de nos jeunes enquêteurs : « *Comment faire pour le coincer ?* »

Pour créer ce personnage, je me suis fortement inspiré de l'authentique CPE, protagoniste de l'affaire. J'ai bien sûr modifié son nom et jamais je ne cite ni l'établissement, ni la région dans laquelle il sévit. Et pourtant !

Au terme d'une séance particulièrement animée, la conseillère d'éducation du lycée qui nous reçoit s'approche de moi à pas comptés. Je me dis que cette dame à quelque chose à me reprocher. Certains professionnels, ne parvenant pas à différencier la fonction de l'individu, n'affectionnent guère que l'on « épingle » un de leurs collègues.

Je lui lance un innocent « *Madame, quelque chose à me suggérer peut-être ?* » lui indiquant que je suis en mesure de tout entendre. Elle me répond par un sourire puis, teintant son regard d'un soupçon de curiosité tout aussi satisfaite qu'amusée, elle interroge :

« Tout au long de la représentation, j'ai eu l'impression d'avoir déjà rencontré ce M. Florentin, que vous interprétez... Et c'est à la toute fin, lors du jugement, qu'il m'a semblé le reconnaître... Cela ne serait pas M. « untel » du Lycée « Truc ».

Monsieur « Untel » Lycée « Truc » il ne s'agit pas, vous vous en doutez, des noms qu'elle me cita. Cependant, son intuition ne l'avait pas trompée. Il s'agissait bien de M. « Untel du lycée « Truc » situé pourtant à plus de 250 km du lieu où nous jouions ! Première fois qu'une telle chose m'arrivait.

Je bredouille alors un « *excusez-moi, je me suis engagé à ne pas décliner son identité, mais je pense qu'il serait inutile d'ébruiter vos talents de physionomiste. Disons qu'il s'agit de l'un de vos collègues que j'ai quelque peu caricaturé* ».

Le sourire de la dame s'accentue : « *Caricaturé ? Je ne trouve pas... Je pense même que parfois, il peut être pire... Cela dit, il lui arrive très souvent d'être drôle et cela, vous ne le montrez pas suffisamment ! »*

La dame m'observe un instant puis :

« C'est incroyable parce qu'en plus, physiquement, vous lui ressemblez un peu. En fait, c'est cela, qui m'a mis sur la voie. Votre ressemblance ! Mais vous avez raison, je vais garder tout cela pour moi !

Lors des cinq années qui suivirent, à ma demande, Gabrielle, sur scène, devint Madame Florentin, la conseillère d'éducation. Ce qui entraîna quelques modifications dans la déposition. Jamais plus, notre CPE ne fut reconnu.

Le temps a passé. M. Untel n'est plus conseiller d'éducation. Depuis, à plusieurs reprises, je l'ai croisé dans le lycée qu'il dirige maintenant en tant que proviseur. Nous avons parlé. Nous avons même sympathisé !

Aujourd'hui, je me suis réapproprié ce rôle qu'il me plaît de jouer, rajoutant cette dose d'humour qu'à tort, jadis je n'avais pas retenu lors de mes interprétations. J'ai mal jugé cet homme. Je dirais même que je me suis trompé. Il n'a rien d'odieux. C'est un personnage atypique, instruit, à la fois drôle et cynique… et qui le revendique !

La leçon que j'en tire est la suivante. Il convient de toujours réserver son jugement ou mieux encore de ne pas juger. Les humains et leurs comportements sont bien trop compliqués pour que l'on puisse s'autoriser à les accabler. Nos pensées, nos jugements, nos croyances modifient profondément notre manière d'interpréter les messages qui nous arrivent. Notre capacité à croire nos pensées, à confondre les faits avec notre évaluation des faits, est un obstacle à la relation et à une juste perception de la réalité des autres.

Notre rôle d'intervenant en théâtre participatif n'est certainement pas de condamner. Il consiste à choisir une histoire, à l'étudier, à l'adapter, puis à la raconter en toute neutralité. Les publics réfléchiront. Ils s'exprimeront sur les faits. Ils proposeront leur solution, pas la nôtre ! En aucun cas nous ne devons laisser sous-entendre une quelconque sentence que nous aurions définie en tant que vérité. Si l'on se refuse à accepter cette règle indispensable, il convient d'abandonner la prévention afin de briguer une carrière politique !

11 LES PERSONNAGES

Bernadette à son habitude en fait des tonnes. Surjouant exagérément son personnage, elle transforme Madame Michèle, la patronne de bistrot, femme simple et peu futée, en une Bourguignonne à fort accent, à la démarche de canard du fait de sa hanche handicapée et au QI avoisinant celui d'une huître. Les jeunes sont ravis et, tout au long de son témoignage, ils sont nombreux à rire à gorge déployée. Si handicap et bêtise ont toujours été sources d'amusement, il est intéressant pour nous, comédiens de théâtre dit « social » de se poser la question suivante :

Ce rire est-il de qualité ou se confond-il avec ce qui n'est en fait qu'une forme de moquerie accompagnée d'une goguenardise somme toute assez peu charitable ? N'est-ce pas ce genre de malveillance que l'on condamne dans nombre de nos interventions ?

Bernadette s'amuse à caricaturer une presque handicapée (à la fois mentale et physique). C'est drôle, surprenant, mais a pour effet de rendre le modèle bien peu crédible.

La comédienne a construit son personnage sans me consulter. Cependant, je le reconnais, je la laisse faire. Dans chaque spectacle d'intervention, il est judicieux de placer un élément comique, décalé, qui, en plus de rappeler aux publics qu'ils assistent à une représentation théâtrale, instaurera un « Second degré » nécessaire. Nous devons pouvoir rire de presque tout et surtout de nous-mêmes. Humour et dérision, maniés avec intelligence et retenue, se révèlent être des outils de prévention d'une réelle efficacité. Il convient toutefois de maîtriser cette « technique du rire » en aucun cas la séance ne doit tourner à la farce. Nous racontons l'histoire d'un adolescent mort des suites d'un coma éthylique. Les faits n'ont rien d'amusant… Il est utile parfois de le rappeler. Ce que je fais de temps à autre, en cours de représentation, lorsque j'estime que la « galéjade » prend une place trop importante dans le spectacle.

Gabrielle est une tragédienne. Elle transpose en jeu intérieur l'ensemble des textes que je lui confie. Elle apporte à ses personnages une gravité et parfois une douleur d'exister (qu'elle n'emprunte pas, je le précise, à sa propre personnalité) qui, peut occasionnellement plomber l'ambiance d'une séance. Avec elle, rien de ce qui peut être dit ou vécu sur une scène n'est superficiel. En d'autres termes, elle nous ferait pleurer en déclamant l'annuaire !

Elle joue la mère de Tommy. Une femme « reconstruite » après avoir été brisée par la mort de son fils. Elle veut comprendre le comment et le pourquoi des choses. Elle se bat pour raconter Tommy, pour parler encore et toujours de lui. C'est sa façon de survivre. Elle dénonce l'abus d'alcool dont elle fut une victime, elle qui ne boit pas. Elle témoigne de ce que fut sa vie en compagnie de cet homme qu'elle aimait.

Elle avait peur de son mari, un homme bien à jeun, mais totalement imprévisible, stupide et violent une fois alcoolisé. Bien sûr, parfois elle protestait, tentant même de s'interposer, mais le plus souvent elle laissait faire. Se préservant et protégeant son fils unique comme elle le pouvait. Elle était si seule face à tout ça ! Et puis un jour, c'est arrivé. Le coup de fil de l'hôpital, l'attente, l'espoir auquel on se raccroche, ce fameux miracle qui ne viendra pas, puis le deuil. Elle s'est révoltée, son mari s'est soigné… Trop tard, le mal était fait. Il lui reste la mémoire, le militantisme, les mots et sa peine.

Après les inepties racontées par Madame Michèle, les « confessions » de cette femme engagée sont saisissantes. Plus une parole dans la salle, plus un sourire, des yeux qui s'embuent de larmes.

Une mère qui souffre, ça remue même les plus terribles.

Le comédien de théâtre participatif n'est pas un comédien « de l'à-peu-près. Il ne dispose pas de longs actes pour s'échauffer ou pour rattraper la bourde qu'il a pu commettre. Il n'a pas à sa disposition un réalisateur tout-puissant qui après une mauvaise interprétation criera "coupez ! Ce qui lui permettra de tourner un nombre inqualifiable de prises avant d'être "bon" ou simplement vrai. ».

Sur une scène qui la plupart du temps n'en est pas une, sans l'appui d'une création lumière, d'un décor, d'un costume, d'un maquillage, il doit être capable de tout faire passer en quelques phrases et en quelques minutes… Il lui faut convaincre, émouvoir, toucher, jouer de cet indispensable lien qui relie les êtres et qui amènera le spectateur au statut de témoin. Le comédien de théâtre participatif n'est certainement pas un « sous comédien » comme certains théâtreux suffisants se plaisent parfois à le croire. Il ne déclame pas du Molière ou du Shakespeare, plus modestement, il joue la vérité.

Quant à ces comédiens de « vrai théâtre » imbus des textes qu'ils débitent, on ne peut que regretter qu'ils n'aient point le talent des auteurs qu'ils prétendent défendre.

Après ce paragraphe : « Je règle quelques comptes, intéressons-nous au comédien suivant :

Didier dispose d'une voix grave et puissante. Il jouit également d'une technique réelle alliée à une présence indiscutable. Ce subtil bateleur appartient à cette famille de comédiens qui ramène à lui chaque personnage qu'il interprète.

Il possède un seul registre de jeu, le sien. De grands noms de la scène française maîtrisèrent d'ailleurs cette technique bien avant lui : J'évoquerai Gabin, Belmondo, Lino Ventura pour ne citer qu'eux… Comme lui, ces monstres sacrés transposaient ce qu'ils étaient, adaptant leurs propres personnalités aux situations qu'ils jouaient… Et quelles personnalités !

Jean Gabin, qu'il endosse le costume défraîchi d'Archimède le clochard ou qu'il porte l'habit trois-pièces du président Beaufort, transcende chacun des personnages qu'il incarne… Didier, qu'il personnifie le junkie en manque, l'employeur raciste, le chirurgien moralisateur, le père dépassé, s'installe dans un mode de jeu « zone de confort » sans écueil et sans surprise. Il est bon comédien. Le message passe… Pourtant, ceux qui le verront jouer plusieurs fois, à plus forte raison ses partenaires, auront une impression de déjà-vu, même si le spectacle est différent. Il lui manque sans doute cette touche insaisissable de génie qui fit de Gabin, Belmondo et Ventura des « Jean Valjean » tout aussi inoubliables que différents.

Ainsi, Victor Hugo disait : « *Le théâtre n'est pas le pays du réel : il y a des arbres en carton, des palais de toile, un ciel de haillons, des… diamants de verre, de l'or de clinquant, du fard sur la pêche, du rouge sur la joue, un soleil qui sort de dessous la terre. C'est le pays du vrai : il y a des cœurs humains dans les coulisses, des cœurs humains dans la salle, des cœurs humains sur la scène* »

Didier campe deux personnages totalement opposés.

L'épicier de village, le notable dans toute sa splendeur. Un homme politique imbu de lui-même, très habile et beau parleur, qui vendra cette fameuse bouteille de whisky que Tommy ingurgitera « cul sec ». Il n'aime pas les gosses du LEP : Ils sont nombreux, bruyants, insolents, provocateurs. Il préférait ne pas les voir au village. Pourtant, il ne peut que se féliciter d'avoir à livrer tous les matins à l'intendant du « lycée des parias » un grand nombre de sacs de pains et autres croissants qui lui assurent une bonne partie de son revenu.

Le chauffeur du car de ramassage quant à lui est un brave type pas très malin. Dépassé par la situation, il n'en est pas moins en partie responsable du drame. Il a vu les jeunes alcoolisés, il les a laissés s'installer dans son car… Il n'a pas réalisé l'urgence de la situation.

Je ne reviendrais pas sur le CPE, que j'interprète, sur lequel je me suis déjà longuement exprimé.

Comme on l'a vu, les jeunes, Tommy et ses copains, sont joués par nos comédiens amateurs formés pour l'occasion.

Pour être tout à fait complet, je me dois de citer quelques personnages, secondaires, non impliqués dans le drame de Tommy, mais qui au fil des années sont venus se « greffer » à l'histoire.

Il y a le pompier bénévole qui alerté par le chauffeur évoque son intervention, expliquant les gestes qu'il a tentés dans l'espoir de réanimer Tommy.

Il y a le médecin, annonçant à la mère de Tommy que son garçon est en état de coma dépassé (mort cérébrale) et que plus rien ne pourra le sauver. Pour ce personnage, Bernadette abandonne enfin son jeu outré. Elle se transforme pour l'occasion en jeune interne, bouleversée par cette mission d'annonce qu'un titulaire lui a confiée. Elle est gênée, maladroite, son regard est fuyant. En seulement quelques minutes de jeu, Bernadette parvient à accoucher d'un véritable personnage, touchant, émouvant et réel.

Il y a le père. Aujourd'hui, il ne boit plus. Il survit dans le souvenir de son fils. Il milite, se bat, témoigne, prévient… « *J'ai tué Tommy* » dit-il. Ses propos reflètent la douleur d'une blessure béante qui jamais ne cicatrisera. Un personnage fort à jouer. Un type brisé, à la fois violent et pudique dans ses propos.

Il y a enfin Lisa, la copine de Tommy, qui s'en veut d'avoir fermé les yeux. Elle connaissait bien le loustic, elle savait de quoi il était capable lorsqu'il voulait « fanfaronner », elle n'a rien fait pour le retenir.

Tous ces gens-là parlent, racontent, expliquent leur version des faits devant une salle attentive. Certains, sur leurs épaules, portent le poids de la mort de Tommy, d'autres refusent d'assumer, ils ne se sentent pas concernés ou tentent d'oublier.

12 PREMIÈRES RÉACTIONS

En tant que leadeur, lorsque je ne suis pas en « Logique de comédien », je passe en mode « observation ». Mon regard parcourt la salle dans l'espoir « d'attraper au vol » quelques émotions visibles sur les visages juvéniles.

Ces trois-là par exemple ! Ils débattent déjà entre eux… Et visiblement leurs avis diffèrent sur bien des points. Ça s'emporte. Je déchiffre un : « *P..... ! T'y comprends rien !* » Je marche vers eux en souriant, puis les apaise d'un signe de la main en leur montrant le micro. Un geste qui pourrait se traduire par : « *Parlez entre vous, mais faites-le discrètement. Et quand vous serez prêts, vous nous ferez partager votre discussion* ». Le plus excité se calme non sans assener un dernier petit coup de coude dans l'épaule de son contradicteur, histoire d'affirmer une ultime fois son désaccord. Un autre groupe, composé d'une demi-douzaine de jeunes, commente, lui aussi, les propos entendus. Une jeune fille montre du doigt le personnage de l'épicier à sa voisine qui, en réponse, lui chuchote quelque chose à l'oreille. Celles-ci au moins partagent le même point de vue. Mais la plupart des lycéens observent, silencieux, dans leur bulle d'écoute, paraissant presque prendre des « notes mentales »

Ils sont là pour comprendre et juger un fait divers lors duquel un jeune de leur âge, un garçon qui leur ressemble, un ado, qui aurait pu être leur copain, a perdu la vie. Nous leur proposons, sans leur imposer quoi que ce soit, de prendre parti, de donner leur avis, de condamner éventuellement leurs aînés, même si certains appartiennent aux corps enseignants. Dans notre audience, il n'existe pas de passe-droit ou de personnes trop bien placées pour être inattaquables. Toutes peuvent être mises en cause.

Leur parole prend de l'importance, ils en sont les seuls maîtres. C'est un moment rare dans la vie d'un jeune scolarisé habitué à emmagasiner la parole estampillée « conforme » des adultes, de devenir celui qui affirmera sans crainte de sentence SA propre vérité… en un mot, d'être le décisionnaire.

Je me souviens de ce garçon, très grand, aux cheveux longs et roux tenus par un catogan. Il était assis au second rang, totalement immobile, les coudes sur ses genoux, la tête entre ses deux mains. Son attention était presque palpable. J'ai encore en mémoire son regard bleu et scrutateur, visible derrière ses lunettes, qui courait d'un orateur à l'autre, nous analysant, tentant de discerner l'âme de chacun de nos personnages… Très déstabilisant pour un comédien.

Lorsque nos regards se sont croisés, j'interprétais le rôle du père.

« *Pourquoi il est mort mon Tommy ? Comme ça, pour rien ? C'était moi "l'alcolo", pas lui... Pourquoi il a fait ce pari ? Pourquoi il a bu cette bouteille de whisky ? Comment c'est possible ? Disons que c'est de ma faute, d'accord, je veux bien, mais pourquoi ils sont si nombreux à avoir laissé faire ?* »

Telle était ma réplique.

Cet instant fut pour moi un rare moment de théâtre. Les yeux intenses de ce garçon, plongés dans les miens, m'ont brutalement fait comprendre, non seulement le désespoir interrogatif de cet homme que je jouais depuis des années, mais aussi la douleur qu'il pouvait ressentir d'être encore en vie.

Après cet épisode, je n'ai jamais plus abordé ce personnage de la même façon. Publics et comédiens s'enrichissent mutuellement. Il suffit d'être attentif à l'effet boomerang que nous déclenchons. Il est impératif que sur scène, tous les sens du comédien demeurent en alerte. Cet effet miroir que reflète le regard de l'autre constitue l'un des plus formidables révélateurs de personnages.

Pour le moment, dans la salle, c'est la colère qui domine. Les jeunes, qu'ils soient collégiens ou lycéens, se sont identifiés à Tommy. Ils le considèrent comme un des leurs, une victime du système. Ils en veulent à ce groupe d'adultes qui n'a pas su empêcher le drame. Leur courroux est tel qu'ils en oublient plusieurs détails importants rapportés par les témoins. La reconstitution minutieuse des faits leur rafraîchira la mémoire.

Le chauffeur, triturant sa casquette, regard rivé au sol, clôt le chapitre « Témoignages ». Il balbutie un laborieux :

« Je ne pouvais pas prévoir, je suis chauffeur de car, pas assistante sociale. Ce n'est pas ma faute, je ne pouvais pas prévoir, par prévoir. »

À ce brave type, tentant maladroitement de justifier sa culpabilité, je lance une pique acérée. Elle achève le bonhomme qui file se rasseoir, tête basse et surtout sans répliquer. Ma remarque précédant son silence coupable était préparée, prévue et interprétée. Au cours du modèle, (Partie théâtrale d'une séance de théâtre interactif jouée par les comédiens qui présente les situations) rien n'est improvisé… Même si tout doit paraître spontané. Lors des répétitions chaque réplique, chaque effet, chaque déplacement ont été décidés, justifiés, analysés, répétés puis enfin « bloqués, pour être inscrits dans la mise en scène.

Une phrase « qui casse » fait souvent mouche. Plus elle se révèle « meurtrière, plus le public appréciera… En jouant les « Snipers, je provoque une hilarité teintée de sadisme, mais surtout, je rappelle les faits, remettant les choses à leur place. Tout discours, même s'il est larmoyant, cache une intention… Je le répète une fois de plus : En témoignant à la barre, l'ensemble des personnages ne poursuit qu'un objectif : Se disculper. Ils sont prêts à tout pour y parvenir… À mentir, à faire rire, à faire pleurer.

Et puis le remords, même s'il est sincère, n'exclut pas la culpabilité. Le chauffeur a fait preuve de négligence, il est en partie responsable de la mort de Tommy. L'homme est bien plus sympathique que certains témoins, il semble sincère. Sa confession, empreinte de contrition, entraîne irrémédiablement le public à faire preuve d'indulgence.

Cette « volonté d'absoudre » se traduit fréquemment par ce commentaire que, souvent, je recueille lorsque le chauffeur quitte le prétoire. « *C'est vrai qu'il ne l'a pas fait exprès et qu'il ne pouvait pas prévoir* ».

L'objectif de cette séance consiste à juger certains comportements qui sont, quels que soient les remords émis, à l'origine du drame que nous analysons.

Je demande à mes auditeurs, ce qu'ils ont retenu des témoignages. Je les invite à partager leurs impressions, leurs commentaires :

« Ces personnages ont peut-être menti ou omis de préciser certains détails difficiles à justifier... Vous en pensez quoi ? »

Ça y est ! L'interactivité est lancée ! La foire d'empoigne peut commencer.

Tel un diablotin qui surgit de sa boîte, un garçon, Tee-shirt jaune fluo et cheveux en bataille, lève la main, ou plus précisément décroche brutalement un bras en direction du plafond. Le mouvement est aussitôt suivi par une « danse de Saint-Guy » assez réussie témoignant soit d'une envie pressante de soulager un besoin naturel, soit de la nécessité d'exprimer dans la seconde une vérité trop longtemps muselée. Accompagnant cette trépidante chorégraphie le jeune scande l'inévitable : *« M'sieur ! M'sieur ! »* Complément sonore indispensable destiné à attirer mon attention.

« Vas-y, on t'écoute ! »

Il s'ensuit un flot ininterrompu de paroles que seuls ses proches voisins sont susceptibles de déchiffrer. Nous parvenons tout de même à déceler quelques mots au passage. *« Dégueulasse, rien à foutre, parapluie (!) Respect... »*

Calmant mon orateur, je lui propose de reformuler sa déclaration de façon plus posée en se servant éventuellement du micro, afin d'être entendu par tout le monde.

Parfois, le micro effraie... J'ignore pourquoi. Lorsque je leur présente le paisible « HF », certains contemplent cet inoffensif objet comme s'il s'agissait d'un petit, mais redoutable prédateur s'apprêtant à dévorer l'intégralité de leur propos. Surprenant de constater le panel de réactions variées que la vue de cet ustensile peut entraîner.

Certains le saisissent façon « rock star » et se mettent à brailler leur commentaire. D'autres tiennent l'appareil à un mètre de leur bouche et, s'imaginant amplifiés, chuchotent plus qu'ils ne parlent. Il y a aussi les percussionnistes qui tambourinent en cadence les malheureux micros. Je citerai enfin les encenseurs qui autour d'eux baladent l'engin, rendant ainsi inaudible la presque intégralité de leur intervention.

Plutôt que de confier le micro à celui qui le réclame, il est toujours préférable de le lui tendre l'objet convoité tout en le gardant en main.

Constatant qu'il a été repéré mon « Diablotin » daigne se rasseoir. Je m'accroupis, micro tendu. Si je reste debout devant lui, le dominant de mon 1,90 m, je risque de le déstabiliser. Et ça n'est pas mon intention.

L'animateur de débats, lorsque le « Spect-Acteur » prend la parole, doit savoir disparaître au profit de celui qui s'exprime. Il n'est ni un animateur télé venu faire son show, ni un chauffeur de salle... Cela étant dit, je reconnais volontiers que parfois, confronté à un auditoire somnolent, il m'arrive de jouer les « Show men ». Savoir stimuler une salle atteinte de « sinistrose » peut se révéler fort utile !

Mais « chut ! » Notre jeune ami « Zebulon » parle :

« Ouais, ce que je voulais dire c'est qu'en fait, c'est « dégueu-lasse » tous ces gens du village… Ils n'ont aucun respect pour les jeunes du LEP parce que pour eux, c'est que des déchets… Alors, qu'ils fassent des (bêtises), en fait, ils n'en ont rien à (faire), du moment que cela ne dérange pas leurs petits bizness ! En fait, ils pensent qu'à une chose, c'est toucher leur paye et ouvrir leur parapluie, histoire de ne pas être (ennuyés). C'est à cause des adultes que certains jeunes, ils font des (bêtises), c'est pour montrer qu'ils existent même s'ils sont nuls à l'école !

NDA — Garçon, au cas improbable où tu lirais ces lignes, merci de bien vouloir me pardonner. Comme tu le constates, j'ai pris la liberté de remplacer certaines de tes paroles par des ex-pressions moins… Colorées. (Voir mots entre parenthèses)

Il a débité son discours d'une traite. Sa courte intervention est applaudie chaleureusement. À ses collègues, il esquisse un petit sourire modeste, puis effectue un semblant de révérence. C'est un moment magique pour lui. Il a parlé au nom d'une salle qui plébiscite ses propos. Il vit son heure de gloire.

Si je puis proposer un droit de réponse aux personnages mis en cause, je n'ai pas à commenter les propos tenus par un participant. Lors d'une séance de théâtre participatif, le leadeur est un observateur neutre, curieux et bienveillant. Détendeur d'aucune vérité, il veille à ce que chaque idée ou pensée puisse être partagée et débattues par l'assemblée. En aucun cas il ne doit contrer ou juger une prise de position même s'il l'estime choquante.

La consigne que je donne aux membres de l'équipe est stricte. En cours de représentation, ils demeurent et réagissent en « logique personnage ». En tant que comédiens intervenants, ils n'ont pas à prendre la parole dans l'objectif d'émettre un avis personnel sur ce qui a été dit, pas plus qu'ils n'ont à participer aux débats.

La directive semble simple. Pourtant, certains rencontrent parfois des difficultés à la respecter !

L'anecdote du discours moraliste intempestif

Nous nous produisons dans une maison familiale rurale (MFR pour les initiés). Dans le foyer transformé pour l'occasion en salle de spectacles, une petite trentaine de jeunes, principalement des filles, se sont installés. La plupart suivent une formation « d'aide à la personne ». L'ambiance est décontractée. Nous entrons dans une période préélectorale et comme à l'accoutumée, lorsque les employés municipaux commencent à extirper de la naphtaline les urnes qui sommeillaient depuis cinq ans, les structures scolaires nous demandent d'aborder le thème de la citoyenneté et de l'engagement.

La séance a plutôt bien commencé. J'ai annoncé, comme de coutume, qu'il n'y aurait au cours de cette rencontre aucun jugement. J'ai garanti l'absence de question piège et de leçon moraliste coiffée de vérité avec un grand V... En d'autres termes, ai-je conclu, vous pouvez participer, il n'existe pour moi, ni bonne, ni mauvaise réponse, seules vos réponses m'intéressent.

Nous traitons les sujets d'une manière humoristique, voire parodique pour parfois basculer sans prévenir dans le drame... Et ça marche ! Les jeunes sont impliqués. Ils rient, s'interrogent, commentent, questionnent, interpellent les personnages. L'éducatrice qui accompagne le groupe joue le jeu. Elle monte même sur scène pour tenter une improvisation.

C'est dans la dernière partie du spectacle qu'apparaissent nos personnages politiques. Il va de soi que nous avons imaginé des partis totalement loufoques non représentatifs de mouvements existants. Devant les jeunes chaque postulant tient son discours, émet des propositions, lance des promesses puis répond aux questions qui lui sont posées :

« Vous comptez faire quoi pour les jeunes ? »

« Vous pouvez préciser telles propositions ? »

« Vous allez trouver l'argent où ? »

Nous avons prévu des urnes, un isoloir et un système de vote. Les jeunes vont pouvoir choisir un candidat ou à défaut en désigner dans leur groupe. S'ils trouvent un volontaire pour les représenter, il y aura débat entre les trois adversaires.

Je demande aux participants qui désirent voter de s'inscrire virtuellement aux listes électorales par un levé de main, ils ont également la possibilité de s'abstenir.

Une jeune fille réclame la parole. Ses longs cheveux noirs sont recouverts d'un chapeau sombre style Borsalino. Arborant une cravate grise, elle porte un costume d'homme sur chemise blanche. Un look qui ne passe pas inaperçu.

« Je vais m'inscrire et je vais voter parce que c'est un jeu votre truc. Mais je dois vous dire que même si j'ai 18 ans cette année, je n'irais pas m'inscrire sur les vraies listes électorales. »

« D'accord, c'est ton choix. Tu veux nous expliquer pourquoi où il s'agit d'une simple info que tu nous donnes en passant ? »

Satisfaite de la réponse, elle sourit.

« Je vais vous dire pourquoi... Tout simplement parce que je crois plus à tous ces mythos, tous les partis autant qu'ils sont, sont des menteurs et ne se battent en rien pour le peuple, mais pour les hauts financiers ou pour leurs finances à eux. La démocratie est morte, et l'on sait bien que quand il y a des politiques honnêtes (je ne sais même pas s'il en existe encore) ce ne sont que des pantins.

Bref, je ne voterai pas. Je ne veux pas être complice de ce régime de merde.

Et je me dis que si le taux d'abstention s'élevait à un taux de fou qui péterait tous les records, genres du 70/80 % d'abstention, Là, les politiques, ils seraient obligés de changer radicalement quelque chose, arrêter de nous mentir par exemple. Car à 70/80 % d'abstentions, ils ne pourraient pas nous sortir que les abstentionnistes, ce sont tous des flemmards ou des mauvais citoyens.

« Le vote blanc, tu en penses quoi ? »

« Il est inutile monsieur, même pas comptabilisé, c'est du foutage de gueule ! »

« OK ! Ton explication est claire, nous savons maintenant pourquoi tu refuses de voter... Des réactions dans la salle ? »

Seb est nouveau dans la compagnie. Cette séance est sa première. Cependant, il possède une solide expérience de la scène et du théâtre forum (qui diffère, on l'a vu du concept « théâtre participatif » que nous proposons). Au cours des répétitions qui ont précédé la représentation du jour, je l'ai formé aux techniques que nous utilisons. À mon habitude, j'ai insisté sur l'obligation de neutralité du comédien intervenant qui doit totalement s'effacer derrière son personnage. J'ai également précisé que, sauf consigne contraire motivée par un effet de mise en scène, le leadeur ne partage que très rarement l'animation de la séance. L'incitation au dialogue, à l'échange, à la médiation, à l'écoute de l'autre, constitue nos seuls objectifs. Nous ne sommes détenteurs d'aucun message. Seules nos saynètes débattues peuvent présenter pour le spectateur les prodromes d'une autre manière d'interagir.

Assis sur une chaise en fond de plateau côté jardin (Gauche) Seb est en position neutre, c'est-à-dire hors-jeu. Il retrouvera une existence active lors des prochaines interventions de son personnage.

Jouant le jeu, un garçon assis au premier rang lève une main, sollicitant une prise de parole. Alors que d'un signe de la main, je l'invite à s'exprimer, je suis interrompu par la voix de Seb, amplifiée par les haut-parleurs.

« Excuse-moi JB, mais je ne peux pas laisser passer ça. Mademoiselle, tu n'as pas le droit de prendre la parole comme cela devant tes collègues pour dire de telles inepties. Il faut tout de même que tu prennes conscience que des gens, tes ancêtres, comme les miens, se sont battus pour le droit de vote, et peut-être que certains sont morts pour que toi aujourd'hui tu aies le droit de t'exprimer et aussi d'étudier… »

Mais qu'est qu'il me fait celui-là ! Qui lui a demandé son avis ? Je le coupe net en tentant de mettre en avant le personnage qu'il interprète, c'est-à-dire Charle de Noblecourt candidat du parti VCIP-CAD-VPM (voter comme il vous plaira, c'est dire, votez pour moi).

« Merci monsieur de Noblecourt pour ce commentaire historique, nous allons prendre maintenant l'avis du public ».

Plutôt que de se taire et de rentrer dans ma tactique de rattrapage, Seb décide d'en rajouter une deuxième couche.

« Non, JB, ce n'est pas Noblecourt qui parle, c'est moi, Seb, en tant que citoyen ! Il est important que les jeunes comprennent que c'est la politique qui décide leur avenir.

« Faux monsieur ! lance la jeune fille aux cheveux noirs, c'est moi et moi toute seule qui décide de mon avenir ! »

« Tu n'as décidément rien compris ! Si tout le monde raisonnait comme toi, il n'y aurait aucune chance pour que ça change ! Dites-vous bien que, moins vous vous intéresserez à la politique, plus les dirigeants seront libres de faire ce qui leur plaît !

« Parce que vous croyez que quand on vote pour eux, ils ne font pas ce qui leur plaît ? » insiste la demoiselle.

« En ne votant pas, jeune fille, tu laisses s'exprimer le conard du coin qui vote n'importe quoi, Style extrême droite ! Que ta voix serve au moins à annuler la sienne, sinon c'est lui qui t'imposera une société dont toi-même tu ne veux pas ! Voter, ça n'est pas simplement un droit, c'est un devoir ! »

« C'est ça, vous voulez nous protéger d'une société totalitaire en instaurant le vote obligatoire ! Elle est belle votre liberté !

Le ton monte ! Autour de la jeune fille, les jeunes commencent à s'échauffer. Ils applaudissent. Après chaque échange, ils lancent des « Yeaaa ! ». L'ambiance s'est dégradée. Nous ne sommes plus dans un espace d'écoute, de respect et d'échanges. Nous assistons à un duel verbal. Les spectateurs comptent les points.

Ça suffit comme ça ! Nous ne sommes pas sur un ring et ce débat d'idées entre une jeune fille de 17 ans et un comédien de théâtre participatif trop engagé est tout à fait déplacé. Je dois calmer le jeu et faire tomber la pression… Adoptant une attitude affolée et faussement catastrophée, j'interromps le débat.

« Infirmiers, s'il vous plaît, veuillez transporter d'urgence monsieur de Noblecourt dans l'ambulance qui l'attend à l'entrée des studios, il vient d'avoir un malaise.

Jeunes gens, vous venez d'assister à un drame du surmenage. M. de Noblecourt, candidat du VCIP-CAD-VPM (votez comme il vous plaira, c'est dire, votez pour moi), vient de, excusez-moi l'expression, « Peter une durite » en direct, alors qu'il participait à notre grand débat électoral « Faites votre choix ». Ses médecins sont très inquiets. Ils évoquent un burn-out sévère dû à un excès de stress. Bien sûr, ses états mentaux et physiques ne lui permettent pas de poursuivre sa campagne. Il se retire donc de la course. Résultat, nous n'avons plus qu'une seule candidate ! C'est pourquoi je propose que la demoiselle qui fit tourner la tête à ce malheureux M. de Noblecourt prenne sa place. Mademoiselle, auriez-vous un programme désintéressé à nous proposer ?

« Si c'est pour me faire allumer à chaque fois que j'émets une idée politiquement incorrecte... Très peu pour moi ! »

« En l'occurrence, ce n'est pas toi qui t'es fait allumer... Ce serait plutôt ce malheureux monsieur de Noblecourt qui, comme tu peux le constater, a été placé en chambre d'isolement dans une unité d'hospitalisation de psychiatrie adulte. »

Ma remarque a pour effet de la détendre. Elle sourit, regarde ses collègues qui, cela va de soi, se mettent à l'encourager, puis :

« OK ! Je veux bien essayer ! »

Notre jeune rebelle à la cravate grise fut élue à la majorité absolue... Ce qui était prévisible. Il faut reconnaître que certains des arguments qu'elle développa étaient assez convaincants. Seb quant à lui demeura « out, c'est-à-dire assis sur sa chaise au fond, à jardin, jusqu'au terme du spectacle.

Cependant, malgré le gag de rattrapage, le ton décalé, la mise hors-jeu du comédien et l'intervention de notre candidate au Borsalino, les dernières vingt minutes de l'intervention furent poussives. Les spectateurs, ignorant si l'incident était prévu ou volontaire et craignant un nouveau « procès d'intention » ne souhaitaient plus poursuivre la discussion. J'eu beau leur proposer de commenter les programmes, de poser des questions, d'émettre des avis, d'imaginer leur avenir, ils demeurèrent presque tous silencieux. Ne disposant plus de suffisamment de temps pour réinstaurer une dynamique de groupe, je dus me résigner à lancer le passage aux urnes sans débat préalable. Le vote eut lieu dans un calme saisissant.

La discussion qui éclata dans le minibus, sur la route du retour fut, on s'en doute, animée. Seb déclara tout d'abord qu'il avait été victime de ma censure et de mon désir pathologique de tout contrôler. Il rajouta que l'affront de placer comme je l'avais fait, un comédien hors-jeu en cours de représentation était inadmissible. Puis il s'excusa. Reconnaissant qu'une fougue citoyenne avait motivé son comportement excessif, il assura qu'une telle déviance n'arriverait plus. Ce qui fut le cas. Après avoir honoré les deux contrats pour lesquels je l'avais engagé, je décidais de ne plus faire appel à son talent envahissant.

13 — RECONSTITUTION

« Pour vous permettre de vous faire une idée précise de ce qu'il s'est réellement passé, nous vous proposons d'assister maintenant à une reconstitution, de cette fameuse journée lors de laquelle Tommy s'est enivré... »

Par cet énoncé, je lance la reconstitution des faits. Sous forme de saynètes théâtralisées, les personnages vont revivre les différentes situations présentées lors des témoignages. Les scènes seront réalistes. Lors de cette phase, les protagonistes ne pourront plus maquiller la vérité. Invraisemblances, petits mensonges, omissions... Tout sera dévoilé à celui qui saura observer.

Je présente le décor. Il est minimaliste. Une table, des chaises, un pied de micro, un banc. Inutile d'en rajouter. Nous sommes dans l'appartement des parents la veille du drame. Voici le père : Il est alcoolisé, violent, imprévisible... Sa diction laborieuse, ses gestes désordonnés, les âneries qu'il débite soulèvent des rires... Souvent gênés.

Cet homme fait peur. Il rudoie sa femme, il rabaisse son fils, il menace, il dit n'importe quoi... Il a perdu le contrôle.

La jeune fille du premier rang qui en début de séance avait lancé : *« L'alcoolisme, c'est le truc de mon père ! »* Fond en larmes. Brutalement elle se lève, puis, après m'avoir décoché un regard presque affolé qui me remue les tripes, elle quitte la salle, aussitôt prise en chasse par sa fidèle copine.

Silence embarrassé. La fuite n'a pas été discrète. La souffrance des autres dérange. Elle fait peur aussi. On se sent impuissant. Certains riaient… Leur sourire est demeuré figé. L'attention se reporte sur moi. Je sens le poids de chaque paire d'yeux ! Ils veulent que je reprenne.

Je cherche des yeux l'infirmière. Elle a « capté » la situation. M'adressant un signe de la tête qui semble dire : « *OK ! Continuez, je m'occupe de la gamine,* elle quitte l'amphi à son tour.

Qu'ils soient Infirmiers, CPE ou personnel d'encadrement, nous avons besoin de partenaires sur lesquels nous pouvons compter. Avec eux, nous nous entretenons en amont de chaque séance. Ils savent qu'un certain nombre de réactions sont envisageables. Ils sont prêts à intervenir. Ils connaissent leurs élèves. Pleurs, colères, fuites, il n'est pas rare que nous ayons à affronter ce type d'attitudes. Nous racontons la vie telle qu'elle est vécue par certains. Devenir le témoin, par le biais du théâtre de ses peurs, de ses doutes, de ses colères ; reconnaître un personnage cruellement proche, se dire : « *ce type-là, sur la scène, dévoilé aux yeux de tous, c'est mon père tel que je le vis chaque jour…* Tout cela peut se révéler fort déstabilisant.

Nous sommes les miroirs d'existences parfois douloureuses. Le comédien d'intervention sociale doit se préparer à gérer des situations émotionnellement fortes. Nous ne donnons ni dans la fiction, ni dans les larmes simulées. Nous sommes des chroniqueurs, des raconteurs de faits divers. Et il serait inutile, voire malhonnête de notre part, d'inventer les histoires que nous partageons. Le monde réel est un vivier de situations vraies. Ces situations, je vais les chercher dans les témoignages, dans les coupures de presse, dans les blogs, dans les sites de discussions. Elles sont des moments de vie bien sûr, mais aussi le reflet quotidien et fidèle de notre société. On ne saurait débattre d'un fait de société sans donner la parole à ceux qui le vivent !

C'est pourquoi nous donnons la parole à celles et ceux qui n'auront jamais la possibilité de s'exprimer devant un public.

Poursuite de la reconstitution. Scènes et répliques sont courtes, simples, faciles à comprendre. Chaque échange est précis, justifié. Nous campons des personnages ordinaires. Nous nous efforçons de parler comme eux, évitant le dramatique effet littéraire redondant ou la prétentieuse envolée lyrique. Le mot juste, commun, sans originalité, l'expression identifiable, l'attitude couramment banale, donnera aux saynètes une impression de déjà vécu.

« Ils sont comme nous, ceux-là…

"C'est du théâtre ou ça leur est vraiment arrivé ce qu'ils nous racontent ?

"Je vous comprends, Monsieur, parce que je vis la même chose que vous !"

"Je voudrais trop vous remercier pour votre témoignage !"

Voilà quelques-uns des plus beaux compliments que nous rêvons d'entendre.

Un personnage servi par une technique vocale irréprochable, une réplique trop écrite, trop déclamée, une situation excessive, théâtrale ou surjouée et nous perdons notre public témoin qui redevient public simple spectateur. Nous ne sommes plus dans l'échange, mais dans le spectacle.

Le spectacle, c'est aussi un beau métier ! Mais ce n'est pas le nôtre, pas vraiment !

La dernière journée de Tommy défile. Il y a des commentaires, des soupirs, des réflexions, des : *"J'y crois pas ! Quel salaud celui-là !"*

Nos jeunes comédiens amateurs jouent le jeu, à fond. Bien sûr, ils en rajoutent un peu, parfois, mais ils sont dedans ! Ils font partie intégrante de l'équipe. Fred trouve en lui une sincérité qui surprend. Son regard, ses attitudes en disent long.

Il sait la mort de Tommy.

Le personnage chemine lentement, mais inexorablement vers son destin, masqué par cette fausse joie d'adolescent enivré. À ses presque 300 copains qui l'observent, il semble crier :

"Quoi ? Vous me jugez parce que j'ai le mal d'exister ? Ce pari de boire un litre de whisky, c'était simplement un moyen d'oublier ! Vous n'avez pas compris ?"

Il me bluffe ! Bernadette, discrètement, me souffle dans l'oreille :

"P... qu'est qu'il est bon ! Il me ferait chialer ce petit con !"

Il n'est pas simplement bon, il est vrai !

Vient la dernière scène.

Tommy est en état de mort cérébrale. Madame Marchand, s'accrochant comme elle le peut à sa dignité, donne au médecin l'autorisation de débrancher son fils des machines qui, artificiellement, le maintiennent encore en vie.

Plus un bruit dans l'amphi. L'émotion est là, présente et assumée. La petite du premier rang a repris sa place. Gênée, les yeux tombant sur ses chaussures, elle ne regarde pas la scène, elle écoute. Je remarque sa main droite serrée par celle de sa voisine. C'est une véritable amitié ces deux-là !

Il me faut rompre cet instant. Quittant le rôle du père, je renfile ma veste, je récupère mon micro pour redevenir le leadeur. Je lance un simple : merci ! » Aux comédiens, sollicitant pour eux quelques applaudissements. Nos jeunes « dramaturges » sont ravis.

Ils l'ont fait !

Ils ont tenu scènes et personnages ! Fred affiche un sourire qui fait du bien. Là-haut, Le grand rouquin frappe frénétiquement des deux mains. Soudain, il tend son bras droit dans notre direction, le pouce levé. Sur ses lèvres, je parviens à lire le mot : « Bravo ! »

14 ULTIME PASSAGES A LA BARRE

C'est l'ultime passage à la barre. Tour à tour, chaque personnage va se livrer au jeu, au (Au feu ?) Des questions/réponses… Un exercice qui n'est pas nécessairement aisé !

Le public, révolté par certains comportements dont il a été le témoin silencieux, n'aspire qu'à une chose : coincer les protagonistes par un interrogatoire tenant plus du réquisitoire qu'à une série de questions objectives.

À ce stade du spectacle, mon rôle de leadeur s'apparente à celui d'un procureur. Allié du public, je relève les failles, je démonte les systèmes de défense, je pousse les personnages dans leurs derniers retranchements. Quand je suis en logique personnage, c'est Gabrielle qui assure ce rôle d'avocat à charge.

J'invite les adultes présents dans la salle, des professeurs pour la plupart, à participer. Je leur explique que ce thème concerne le plus grand nombre et qu'il est de notre devoir à tous de proposer ou tout au moins de chercher des solutions.

Mais, il n'est pire sourd que celui qui ne veut pas entendre. Ils seront peu nombreux à prendre la parole. En fin de séance, lorsque je leur demanderai de m'expliquer le pourquoi de leur silence, ils se justifieront par cette phrase si souvent entendue :

« *Nous craignions que notre intervention ne dérange les jeunes, c'est leur spectacle, pas le nôtre !* »

Certains tenteront alors de me soumettre quelques avis concernant les thèmes abordés lors de la séance.

« *Excusez-moi madame, mais comme vous pouvez le constater, nous plions le matériel, ce qui signifie que pour moi, le temps d'interaction est à présent terminé. Je vous invite à poursuivre la discussion avec vos élèves.* »

Je suis à la barre, dans le rôle du CPE. Gabrielle me lance des pointes, me coupe la parole quand, volontairement, dans la logique de mon personnage, je la monopolise. « *Une autre question ?* » Au cœur d'une forêt de doigts qui se lèvent, Gabrielle fait son choix. Elle tend le micro à un jeune homme.

« *Monsieur, pourquoi vous les méprisez tant vos élèves ? Vous vous rendez compte que, lorsque vous nous dites que vos élèves ne sont que le déchet des autres écoles, ceux qui ne sauront jamais rien faire, vous les insultez… C'est pas comme ça que vous les aiderez !* »

Applaudissement du public. Souriant, je prends un air un peu suffisant et très calmement je réponds.

« *Jeune homme ! C'est un fait, pas une insulte. La plupart des jeunes que nous récupérons dans notre lycée sont des élèves qui ont été refusés par un grand nombre d'établissements. L'éducation nationale ne sait plus à qui les confier, c'est l'histoire de la patate chaude ! Alors, par défaut, ils atterrissent ou plutôt ils se ramassent chez nous… et croyez-moi, ils sont nombreux à ne montrer aucun intérêt pour les spécialités que nous enseignons.   Ce sont, à quelques exceptions près, des jeunes en échec scolaire, écrasés par des difficultés personnelles et le plus souvent assez délicats à gérer. La majorité d'entre eux n'est pas faite pour les études, qu'est-ce que vous voulez que je vous dise ? Que dans notre LEP, ils ont toutes les chances de décrocher un doctorat avec mention très bien alors que certains d'entre eux ne savent qu'à peine lire et écrire. Quand j'affirme qu'ils n'ont pas le QI d'un Albert Einstein, c'est un constat, rien de plus... ils n'y sont pour rien et moi non plus ! Mais, si cela peut vous rassurer, plus de 50 % d'entre eux deviendront de bons professionnels manuels. Ils construiront vos maisons, ils feront vos routes, mais ce n'est pas eux qui les dessineront sinon attendez-vous à des gouttières et à des drôles des tracés ! . »*

Sifflets dans la salle... Quel plaisir de jouer les cyniques ! Je précise que cette analyse s'inspire en grande partie des propos tenus par mon « modèle » Le véritable M. Florentin avec lequel, comme je l'ai précisé plus haut, je me suis longuement entretenu.

En tant que comédien endossant une personnalité qui n'est pas la mienne, je n'ai ni à soutenir cet exposé, ni à le condamner. À la question qui m'a été posée, je m'efforce simplement d'apporter une réponse correspondant au personnage que j'assume. Qu'importe que je sois aimé, haïe, applaudi ou que je fasse rire... Seule compte la sincérité de mon interprétation.

Au quatrième rang, une dame au visage délicatement austère, chemisier vert, cheveux auburn plaqués, lunettes rectangulaires, se lève et prend la parole sans y avoir été invité.

« *Vous prétendez que nous pouvons nous exprimer, c'est heureux ! Alors, je vais le faire, figurez-vous. L'image que vous donnez à nos élèves de ce conseiller d'éducation est plus que honteuse ! Comme le reste de votre prétendu spectacle d'ailleurs. Le père alcoolique, la mère soumise, l'épicier vénal, la tenancière abrutie ! Tout est caricaturé ! Et surtout tout est destiné à dresser nos élèves contre nous tout d'abord, les enseignants, et aussi contre les adultes ! C'est facile de juger ! Mais je voudrais bien vous y voir ! Vous ne tiendrez pas plus d'une journée face à eux. Vous donnez des leçons, vous critiquez, vous parodiez ! Monsieur ! J'ose vous dire en face que pour moi vous n'êtes qu'un manipulateur gauchiste et démagogique. Et j'estime que rien ne vous autorise à faire de la politique devant nos lycéens !* »

Rouge et tremblante, mais fière de sa tirade, elle se rassoit. Ricanements, rires, applaudissement, hué… Bref, tollé général. Les jeunes adorent quand les adultes « se frittent, ils comptent les points.

Pour l'heure, ils guettent ma riposte.

Ah les enseignants ! Les « Pédagos » comme nous les nommons amicalement entre nous ! Ils n'interviennent que très rarement dans les échanges, estimant sans doute que n'étant pas en cours, ils n'ont pas à le faire. Je ne juge pas cette absence d'investissement, je me contente de la constater tout en ne résistant pas à la tentation d'écrire quelques lignes dédiées aux personnels encadrants !

Il y a, comme on vient de le voir, les « paranoïaques » ceux qui soutiennent la théorie du complot « Anti-Prof ». En bons inquisiteurs capésiens, ils traquent le commentaire qui attestera de notre évidente appartenance à un mouvement aussi libertaire que laxiste venu semer le trouble dans le système sans faille et sans reproche de l'Éducation nationale. S'ils repèrent l'argument assassin, ils se déchaînent. Quel enchantement de les voir nous fustiger, cherchant à nous faire avouer notre honte de travailler au nom du grand désordre ! Ces « persécutés » ont la fâcheuse tendance de chercher en nous l'homme (La femme) de gauche ou de droite... Ami ou adversaire selon les cas... Voir nauséabond extrémiste s'il surprend dans nos propos la moindre remarque qu'il qualifiera d'équivoque.

Il y a ceux qui, prenant très à cœur leur devoir d'accompagnateurs, actifs et vigilants, adjudants ou moralisateurs, font régner calme et discipline. En plein cœur d'un débat, ils poussent régulièrement de bruyants : « Un peu de moins de bruit ! ». Ils « marathonnent » entre les rangées de sièges. Ils déplacent certains élèves qu'ils jugent trop dissipés. Ils changent eux-mêmes de siège avec armes et bagages, ils distribuent des heures de colle à la volée, ils expulsent quelques jeunes qui, bien entendu, manifestent tapageusement leur mécontentement... Ils sont parfois utiles, je le reconnais volontiers, mais de temps en temps quelque peu « envahissants »

Il y a les « assis en fond de salle » silencieux et observateurs, ils considèrent les débats. Ce n'est que par accident qu'ils laissent entrevoir leurs impressions. Occasionnellement, au détour d'un mot, pour une précision, passagèrement ils se révèlent.

Il y a les « en retard de correction » un paquet de feuilles A4 jeté sur les genoux, ils annotent des copies, tournent des pages, griffonnent des commentaires. Ils n'ont aucune idée de ce dont on parle et manifestement n'en ont rien à faire. C'est d'ailleurs souvent ceux qui parlent de respect à leurs élèves, une notion dont ils semblent pourtant totalement ignorer le sens.

Mention spéciale pour les « ceux qui participent trop » et dont les prises de parole s'éternisent. Leurs échanges, lourds d'argumentations à hautes portées éducatives, tournent incidemment aux débats d'experts ou au discours sermonneur.

N'oublions pas les « ceux qui sont installés près de la sortie ». Ils cancanent des commentaires, ils émettent quelques avis aussi secrets que vains sur le propos de l'élève qui s'exprime. Ils parlent entre eux, se racontant de passionnants potins éducatifs, refaisant le monde… Leur monde, hélas, pas celui que nous décrivons.

Citons prestement, car il convient aussi de leur rendre hommage, les « pianoteurs » d'ordinateurs, les inquisiteurs silencieux à mimiques réprobatrices, les « ceux qui lisent » les « Textoteurs » ! Les « je pique un petit roupillon » et oui ceux-là aussi existent.

Et puis, il y a les autres. Ceux qui, le temps d'une séance, ôtent leur étiquette de professeurs pour redevenir père, mères, ou tout simplement citoyens. Des êtres humains concernés par les sujets de société dont nous débattons : La prévention, les addictions, le suicide des jeunes, le mal-être, etc.… Merci à eux et merci pour ces échanges parfois si enrichissants !

Mais revenons-en à notre pédagogue révoltée. Je lui adresse un grand sourire qui se veut conciliant. Première chose, lui montrer par mon attitude qu'il n'est pas dans mon intention d'utiliser un espace de parole dédié à la prévention dans l'objectif d'alimenter un conflit qui n'a pas lieu d'être. Par contre, il est déconseillé de laisser une telle diatribe diffamatoire sans réponse… L'expérience m'a appris que face au venin des « Folcoche » d'amphithéâtre, une flèche empoisonnée à l'humour, dénuée d'agressivité, se révèle être souvent la meilleure des réparties.

« Sincèrement Madame, je vous remercie pour votre intervention au demeurant fort intéressante. Mais il me semble que l'on s'éloigne quelque peu du thème. Je vous propose cependant une réponse très rapide. Vous dites, très justement qu'il est facile de juger et je vous donne entièrement raison. D'ailleurs, je tiens à vous féliciter pour l'aisance avec laquelle vous avez capacité à juger notre travail avant même qu'il ne soit terminé et aussi pour la rapidité avec laquelle vous avez cerné ma personnalité alors que vous ne me connaissez pas. Mon propre psy superviseur tente de me cerner depuis des années et lui-même n'y est toujours pas parvenu… Vous devriez peut-être le contacter pour lui proposer de l'aide. Donc, je récapitule votre analyse : Je suis démago, gaucho et manipulateur… Je vous remercie pour ces adjectifs élogieux qui me vont droit au cœur… Cela dit, si je revendique volontiers deux d'entre eux, il y en a un sur lequel vous vous trompez totalement… Mais bon, deux sur trois, c'est déjà très bien, ne boudons pas notre plaisir. Gabrielle, rappelle-

moi d'informer le véritable père de Tommy que la mort de son fils n'est qu'une caricature, je pense que cela pourrait soulager sa peine. Voilà, à présent soit vous désirez poursuivre votre critique théâtrale en abordant par exemple le jeu des comédiens ou bien la qualité des décors... Soit nous reprenons le fil du spectacle, je pencherai plutôt pour cette option.

Après une petite mimique de mépris, la dame me lance un « allez-y ! Reprenez ! » Accompagné d'un sourire crispé.

« Merci, Madame, je ne doutais pas de votre aimable compréhension ! »

Les jeunes patientent un instant, épiant une réaction qui ne viendra pas. Ils sont nombreux, je pense à ne pas cerner le second degré de mon couplet.

« Comment fait-il pour lui parler si gentiment alors qu'elle l'a traité ? »

Pourtant, le sourire ravi de certains atteste qu'ils sont tout de même quelques-uns à avoir saisi que ma diatribe dégoulinante de courtoisie... était en fait une vanne ! Mais très vite, ils se désintéressent de l'altercation avortée. Madame « Folcoche » est déjà oubliée !

En me moquant gentiment, mais ouvertement d'elle, je prenais un risque. Celui qu'elle soit soutenue par l'ensemble de ses collègues. Une telle alliance, en plus de nuire aux relations que notre équipe entretenait avec l'établissement, aurait pu accréditer son discours, rendant ainsi notre travail de prévention très aléatoire. Fort heureusement, plusieurs professeurs m'ont informé, après la séance, que cette brillante mathématicienne, mal dans sa peau de professeure mal aimée, souvent chahutée, guère appréciée par ses collègues et dotée de surcroît d'un caractère peu amène, était régulièrement sujette à ce genre d'attitude agressive.

Pardon madame si vous lisez ces lignes, votre vie n'est sans doute pas facile, je compatis, mais vos réflexions manquaient vraiment de pertinence. Mon objectif n'a jamais été de juger et encore moins de monter des élèves contre le corps enseignant…

S'il m'arrive d'émettre quelques réserves sur le fonctionnement de l'éducation dans notre pays, il est une chose que j'estime primordiale pour notre société, c'est l'enseignement !

Quant à l'échéance politique, depuis plusieurs décennies que je cours les scènes, personne n'a jamais su pour qui je roulais… Pourquoi ? Parce que, dans mon métier, je m'interdis de rouler pour qui que ce soit. Un comédien d'intervention sociale, à plus forte raison un leadeur, n'a pas à mettre ses idéaux politiques en avant. S'il le fait, cela constitue, à mon sens, un manquement à l'éthique. J'ai dû me séparer de bons comédiens lorsque j'ai constaté qu'auprès des jeunes, ils promulguaient leurs visions personnelles de la démocratie parfaite, allant jusqu'à distribuer des invitations à des meetings politiques. Il existe des troupes de théâtre participatif réputées pour leur engagement. Sans remettre en cause la qualité de leur travail, j'estime qu'elles œuvrent plus au nom de la propagande qu'en celui du social. Une personne qui souffre n'est par essence ni de gauche, ni de droite, pas plus que celle qui décide un jour de lui venir en aide.

Fin de la parenthèse !

Les questions succèdent aux questions. Les langues se délient, les bras se lèvent, de plus en plus nombreux. La jauge trop importante ne me permettra pas de distribuer la parole à tout le monde, ni d'accorder un temps d'expression suffisamment long à chacun. J'en fais d'ailleurs la remarque :

« Vous êtes très nombreux, beaucoup trop nombreux, le double de la jauge prévue et en plus vous êtes extrêmement participatifs, ce qui est super, bravo ! Mais, et sincèrement je le regrette, tout le monde ne pourra pas s'exprimer et nous n'aurons que très peu de temps à accorder aux impros à venir ».

Il ne s'agit pas pour moi de retourner le couteau dans la plaie, ni de régler des comptes. Mon objectif consiste simplement à mettre les organisateurs face à leurs responsabilités. J'informe le public de la situation telle que nous la vivons, lui et nous, en portant à sa connaissance que les conditions dans lesquelles nous travaillons ne correspondent pas à celles qui étaient initialement prévues.

Les encadrants présents dans la salle entendront cette remarque. Assurément ils la rapporteront aux organisateurs qui n'apprécieront guère, peu importe ! S'ils comprennent que quantité et qualité ne font pas toujours bon ménage, la partie sera gagnée ! Si, souvent par souci commercial, nous acceptons sans mot dire le comportement inadéquat de certains de nos programmateurs, nous risquons fort de nous retrouver pataugeant dans la situation de l'anecdote suivante que j'ai intitulée :

L'anecdote de la jauge exponentielle

Nous intervenons dans un établissement spécialisé dans l'accueil d'adolescents en grande difficulté. Un public témoignant souvent d'un besoin urgent d'extérioriser ce qu'il ressent. Cette nécessité peut revêtir plusieurs formes : La parole, les cris, la révolte, le pugilat, l'indignation, les pleurs, l'agressivité et même parfois un mutisme total et gêné, qui en dit long... à condition de savoir l'interpréter. Une séance comme celle-ci nécessite une écoute particulière reposant sur une approche spécifique.

L'intervention « type » « est donc adaptée en amont de la séance. Les saynètes illustrant les échanges sont simplifiées. Nous ne recherchons pas le débat, mais ce que je qualifierai de : « libre discussion à bout portant dénuée d'appréciation »

Une certaine « intimité » est de mise. C'est pourquoi une jauge dépassant une quarantaine de personnes est difficilement envisageable. Plus les participants se connaissent, plus il leur sera facile de s'accepter, de défendre une idée, de polémiquer avec tolérance. Nos programmateurs le savent. Cette précision est inscrite en toutes lettres sur nos dossiers... Étranges comme parfois, ceux qui sont censés enseigner le goût de la lecture ne prennent pas eux-mêmes le temps de lire une simple page recto verso.

Le thème que nous abordons est celui « des violences ». Celles que l'on peut rencontrer en milieu scolaire. Qu'elles soient le fait d'élèves ou de profs, qu'elles soient physiques, verbales ou morales, les violences se conjuguent, hélas, à tous les temps. J'ai prévenu mon équipe, il va nous falloir faire preuve d'une neutralité à toute épreuve.

Nous jouons dans le réfectoire. Superbe espace scénique délimité par une fontaine à eau, un distributeur de sauce et avec en guise de « Fond de scène » la redoutable desserte en aluminium que l'on trouve dans la majorité des cantines scolaires. Les tables seront empilées au fond. Ça fleure bon la friture, le steak haché et le petit-déjeuner du matin !

Notre contact, Madame T, infirmière, vient à moi. Elle affiche un air contrit dont le parfum exhale la douce senteur des « Tuiles à venir ».

« Les dames de service ont un peu râlé, annonce-t-elle. Elles réclament que votre installation dans le réfectoire soit repoussée à au moins 15 heures, ce qui leur laisserait plus de temps pour nettoyer la salle. La séance pourrait-elle débuter à partir de 15 heures ? »

Mon instinct, doublé d'une certaine expérience, ne m'avait pas trompé. Un plan galère est en train de se dessiner.

Je réponds : « En fait, c'est la séance qui devait débuter à 14 h, pas l'installation qui en toute logique doit s'effectuer en amont du spectacle. Comptez environ 45 minutes en calculant serré, avant le début de séance. Il est, d'ailleurs, écrit sur le contrat : "Installation, prévoir 60 minutes"

Donc, nous pensions installer notre matériel sitôt le réfectoire libéré, c'est-à-dire à partir de 13 h 15. Si nous implantons à 15 heures, nous ne jouerons pas avant 15 h 30/15 h 45... Ce qui laisse prévoir une fin de représentation autour des 17 heures/17 h 15... Alors que nous devions finir initialement à 15 h 30. »

Visiblement ma prouesse mathématicienne la laisse songeuse... Je profite de son silence pour lui assener un second coup.

« De plus, j'ignore la disponibilité des comédiens. Il est possible que certains aient un engagement en début de soirée... Je vous rappelle que nous avons plus de 2 h 30 de route, sans compter le démontage... »

Enfin, avec une pointe d'ironie dans la voix qui pourrait être confondue avec un certain agacement, j'assène l'estocade finale.

« Cette séance était programmée de longue date. Les dames de service n'ont pas été prévenues de notre arrivée ? Elles l'ont été, ce matin ? Donc, si j'analyse bien la situation, personne n'a eu le temps de prévoir l'organisation de cette journée lors des quelques mois qui ont précédé notre venue depuis la signature du contrat. Nous avons pourtant appelé il y a une semaine afin de confirmer notre venue »

La dame semble catastrophée. Elle explique son absence prolongée pour raison de santé, son remplacement par une suppléante un peu dépassée qui, sans doute, n'a pas jugé utile de faire le nécessaire. Décidant de me la jouer « arrangeant » je propose de transmettre sur-le-champ la requête aux comédiens qui, attroupés près du « camion », guettent le signal du déchargement. Les membres de l'équipe se déclarent peu enchantés par la perspective de faire le « pied de grue » pendant deux heures, cependant ils finissent par accepter ce changement d'horaire.

Je cours annoncer l'heureuse nouvelle à Madame T... Soulagée, elle s'apprête à rejoindre son infirmerie puis se ravise. Sur un ton qu'elle tente de rendre détachée elle me lance :

« Au fait, le directeur me charge de vous faire savoir qu'il a invité quelques élèves de la cité scolaire voisine. Ils viendront assister à la représentation.

« Quelques élèves ?... Vous pourriez préciser le nombre et l'âge ? »

« Pas plus d'une vingtaine... Et je pense qu'il s'agit de collégiens »

« Élèves de sixième, de troisième ? Selon leur âge, ils n'auront pas la même vision des choses !

« Je ne sais pas, je vais me renseigner »

Le scénario « traquenard » est en mode confirmation. D'une quarantaine de « Clients, nous passons à soixante... De plus, ils ne viennent pas du même établissement... Je suis en fait très loin de me douter de l'impressionnante réalité qui nous attend... Le guêpier se transforme en séance catastrophe. Toujours par le biais de notre infirmière qui semble « rétrécir » à chacune de nos rencontres, je suis avisé qu'une sélection d'élèves, ou plus exactement qu'une sélection de classes venues de la cité scolaire assistera à la séance... Collégiens et lycéens confondus, ils seront plus nombreux que prévu ! Cependant, elle ignore encore les chiffres exacts.

Je lui fais part de mon inquiétude. Mélanger dans un site non prévu à cet effet, sans aucune préparation, un si grand nombre de collégiens, de lycéens et des jeunes en difficulté à l'occasion d'une séance de théâtre participatif consacrée à la violence, constitue, non seulement un gage de maladresse, mais aussi un parfait échantillon de stupidité. La dame affirme qu'elle comprend ma réaction, mais qu'elle ne fait qu'appliquer (et apprendre presque en même temps que moi) les instructions du responsable d'établissements. Le monsieur tient à faire connaître les actions sociales menées au sein de son institution. Je décide de lui rendre une petite visite de courtoisie, accompagnée de Monique, mon associée.

Sa « Seigneurie » n'a que très peu de temps à nous accorder. Cependant, acceptant d'entendre mes remarques, elle daigne noter mes craintes.

«Je vous prie pourtant de faire preuve de professionnalisme en adaptant votre intervention, je profite d'ailleurs de votre présence pour aborder un autre problème. Ce temps d'installation de 50/60 minutes que vous réclamez et qui porterait une fin de séance vers 17 h 30… cela n'est pas envisageable. Je vous demande de respecter le plus possible les horaires prévus… Je me suis bien fait comprendre ? »

J'hésite entre deux options. Soit, après avoir dit à ce si sympathique interlocuteur, ce que je pense de lui, je plie mon matériel et je quitte les lieux, prenant ainsi la décision d'annuler la séance.

Soit, remisant mon poing fermé dans ma poche, je vois ce que je peux faire en improvisant suivant les circonstances.

Craignant une réaction trop virulente de ma part, Monique, me devance : «Nous ferons de notre mieux, mais je tiens à vous dire que cela ne va pas être facile…. »

Avec un «je vous remercie, nous nous verrons lors de la séance, ainsi je pourrais apprécier vos efforts, Sa Majesté nous fait comprendre que l'entretien est clos.

Je me consume de l'intérieur, mais parviens à garder le silence, le temps de quitter la pièce. Une fois dans le couloir, j'explose ! Je juge préférable de demeurer discret concernant les qualificatifs que j'ai utilisés ce jour-là pour dépeindre le bonhomme...

À 15 heures, le réfectoire est enfin disponible. Mais, en plus de l'implantation classique (Son, lumière, espace scénique) il nous faut déplacer les tables et installer les chaises... Tout en gérant une horde de jeunes excités qui tentent de s'installer alors que nous sommes loin d'être prêts à les recevoir.

Le calvaire se poursuit... Par la baie vitrée, nous voyons les « invités » s'approcher du bâtiment... Une légion ! Mais enfin combien sont-ils ?

15 h 35 nous ouvrons enfin les portes... Et c'est la ruée... Il manque des chaises... qu'a cela ne tienne , les terminales s'installent en fond de salle, sur des tables... Les plus jeunes, les sixièmes, s'assoient par terre, devant nous. Un décompte rapide. Nous dépassons déjà les deux cents participants. Le réfectoire est complètement saturé. Les voies de passages que nous avions prévus entre les rangées afin de permettre le déplacement des micros HF sont très vite encombrées. Nous sommes bloqués dans l'espace de jeu. L'interaction sera pratiquement impossible, sauf avec les deux ou trois premiers rangs. Le vacarme est difficilement supportable. Ne prévoyant pas une telle affluence, nous avions opté pour la petite sono, efficace pour une jauge d'une cinquantaine de personnes, mais manquant de puissance pour un « zénith » de cette envergure.

C'est dans un tintamarre généralisé que nous débutons la séance. Les aiguilles de ma montre-bracelet frôlent dangereusement les 16 heures Sur le côté droit de la salle, accompagné de sa cour, le directeur de l'établissement a fait son entrée. Quelques élèves assis sont aussitôt invités à céder leur place. Un émissaire, envoyé par Son

Altesse, se fraie difficilement un passage jusqu'à l'aire de jeu : « Il est déjà 16 heures… M'informe-t-il, Monsieur X vous rappelle que vous ne devez pas trop dépasser »

Monique qui a entendu et qui me connaît bien, m'adresse un signe d'apaisement.

Première scène, première interaction. Les sixièmes, assis presque à nos pieds, à même le sol veulent tous participer. Accroupi, je tends un micro… Les terminales du fond, bien sûr, n'entendent rien… De toute façon, le discours juvénile d'écoliers de 11 ans ne les passionne guère… Ils décrochent tout de suite. Au milieu du réfectoire, isolés sur leur îlot, cernés de toutes parts par une meute de braillards, les 40 jeunes de l'établissement, pour qui nous étions venus, sont totalement largués. Incapables de s'exprimer, ils se replient sur eux-mêmes. La plupart des élèves de la cité scolaire pensaient assister à une représentation théâtrale… Ils sont déçus et effrayés par l'aspect participatif. Ils n'ont pas été informés du thème. L'un d'eux, un lycéen installé tant bien que mal sur le rebord d'une des fenêtres me demande : « Pourquoi vous nous parlez de violence et de respect monsieur ? Et c'est quoi qu'on fait là ? C'est du théâtre ou une conférence ? »

Je décide qu'il est grand temps de prendre le train. À cadence soutenue, j'annonce les saynètes. Ça file ! Les comédiens, qui ont saisi mon intention, enchaînent les scénarios « Façon TGV ». Au terme de chaque situation, nous enchaînons sans aucune tentative d'interaction. À 16 h 25, soit moins de vingt-cinq minutes après le début de représentation, j'annonce que la séance est terminée.

Au directeur qui me darde un regard assassin, je lance en tapotant ma montre :

« M. Le directeur, vous avez vu, je suis dans les délais, je n'ai pas dépassé comme vous l'aviez exigé ! »

Puis, poussant à fond le micro de la sonorisation maltraitée, je demande un silence qui finit par plus ou moins s'instaurer :

« Jeunes gens, je reconnais volontiers que quelqu'un vous doit des excuses pour ce spectacle bâclé, mais je pense que ce n'est pas à nous de les présenter. Je regrette que nous ayons tous perdu notre temps et surtout qu'il ait été impossible d'échanger sur ce thème de la violence ».

Monique, chargée du commercial à l'époque, m'a copieusement sermonné ce jour-là… À juste titre. Nous avons perdu un client régulier. Ma première erreur fut d'accepter les conditions de jeu intolérables que l'on m'imposait, ma seconde fut de ne pas assumer ce consentement.

15 — VOUS AVEZ DES QUESTIONS ?

Témoignages, débats, reconstitutions, les situations dont nous avons été les porte-parole ont soulevé une multitude d'interrogations auprès des jeunes :

- *Pourquoi devient-on alcoolique ?*

- *Est-ce vraiment une maladie ?*

- *Comment la combattre ?*

- *Est-ce que c'est dur ?*

- *Est-ce que c'est possible ?*

- *Quelle place pour les compagnes, les compagnons, les enfants d'alcoolos ?*

- *Ces victimes parfois silencieuses qui endurent jour après jour la souffrance d'accompagner celui ou celle qui boit, ont-elles besoin d'aide ?*

- *Comment faire pour les secourir ?*

- *Pourquoi ne partent-ils pas tout simplement ?*

- *Les alcooliques, sont-ils des salauds ou sont-ils des malades ?*

L'ensemble de ces questions, et bien d'autres encore, nécessitent un retour et il nous appartient d'être en mesure d'apporter des réponses vraies, sincères, réalistes !

Sur scène, nous sommes deux, côte à côte. Gabrielle, sous les traits de la mère, et moi, dans le rôle du père. Nous avons bousculé l'unité de temps. Les années ont passé depuis le drame. Les personnages ont changé.

Voici leur nouvelle « fiche d'identité »

M. Marchand, au terme d'une cure, est devenu alcoolique abstinent, il n'a pas bu une goutte d'alcool depuis la mort de son fils. Au sein de l'association qu'il a créée avec sa femme, il s'efforce d'aider les malades alcooliques. À ceux qui viennent le voir, il explique : « *Vous pouvez vous en sortir, je vous soutiendrai »,* il donne également dans la prévention, il témoigne, il sait de quoi il parle !

Mme Marchand guide les familles accompagnantes. Elle complète le travail de son mari en apportant son propre regard. Elle a vécu le même enfer que le sien, mais dans une position différente. Elle connaît les soins, les attitudes à éviter, les fausses vérités, les clichés.

La souffrance, la rage contre ce produit qui a emporté leur fils, le sentiment de culpabilité, le combat qu'ils mènent ensemble aujourd'hui, les rencontres soignants /soignés, la douleur des autres, tout cela leur a insufflé une sorte de sérénité mélancolique, empreinte d'émotion et d'espoir.

Mais bien sûr, pour nous, il est exclu d'inventer ou de raconter n'importe quoi. Je considère comme impératif d'appuyer nos réactions et explications sur des bases solides et vérifiées.

C'est pourquoi j'ai rencontré de nombreux alcooliques abstinents ou en traitement. Nos conversations furent souvent fortes émotionnellement.   Les « gueules cassées » comme parfois ils se nomment eux-mêmes m'ont raconté leurs doutes, leurs souffrances, leurs efforts, leurs craintes de rechuter, leurs espoirs, leurs traitements, leurs « après ».

Il m'est arrivé d'en prendre « Plein la tronche » tant leurs mots étaient désespérés, et même parfois de laisser sans honte couler quelques-unes de mes larmes qui se mêlaient aux leurs, tant leur parcours était chaotique et triste à en pleurer !

Parmi tous ces récits de vie que j'ai enregistrés, il me revient celui de ce gars d'une cinquantaine d'années, **Je revois cet homme au regard perdu dans le passé. Sa figure est rougeaude, son visage est très maigre presque maladif. Ses deux touffes de cheveux en bataille assortie d'une calvitie naissante lui donnent l'aspect d'un Bozo le clown triste.**   Il m'explique pourquoi un soir, il a décidé d'en finir avec l'alcool.

« À cet instant, alors que j'étais en train d'engueuler ma femme, ma fille est entrée… Caché derrière elle mon petit garçon de huit ans… Ils m'ont regardé puis se sont réfugiés hors de portée… J'ai compris qu'ils avaient peur de moi… La détresse que j'ai lue dans leur regard, je l'ai prise comme un coup de poing dans l'estomac, genre celui qui te fout KO. Soit, tu te relèves, soit tu te couches. Ça a été le déclic… Je me suis dit : Tu n'es qu'un sale con égoïste et malade. Tu as déjà perdu le contrôle de ta vie

et tu vas perdre tes gamins. J'étais le seul à pouvoir changer tout ça, tu comprends. J'avais un pote chez les alcooliques anonymes. Je l'ai appelé. Je lui ai dit, Pierre, il faut que tu m'aides ou je vais me foutre en l'air !... Dans l'heure qui a suivi, il était chez moi ! »

Je suis sur scène pour parler au nom de tous ces types qui savent si simplement et si sincèrement décrire le mal dont ils souffrent.

Donc, pour être crédible auprès des publics, il est primordial d'échanger longuement avec ceux qui ont vécu les situations que nous rapportons… Mais cela ne suffit pas. En tant qu'alcoolique abstinent, investi dans la prévention et dans l'accompagnement, mon personnage se doit de connaître les différentes approches de soins. Après m'être informé des protocoles de sevrage pratiqués en milieu hospitalier, j'ai contacté plusieurs centres de cures proposant des démarches différentes. Je cite pour informations ceux dont j'ai pu observer le travail : Le C. A.L.M.E (Centre d'aide et de libération du mal-être éthylique), Les Alcooliques anonymes (Organisation mondiale d'entraide des malades alcooliques) et Le **Mouvement vie libre** (association qui regroupe des buveurs guéris, des abstinents volontaires, leurs familles, leurs proches et autres sympathisants afin d'accompagner les personnes qui souhaitent mettre fin à leur maladie).

Monique, la comédienne, qui participa à la création de la compagnie A CONTRE JOUR au début des années quatre-vingt-dix, fut aussi un rouage essentiel dans cette démarche d'authenticité. À deux reprises elle fut la compagne d'alcooliques pathologiques. Elle vécut donc deux fois le parcours complet du personnage de Madame Marchand (La mère de Tommy) de l'accompagnement des malades victimes de leur addiction jusqu'au sevrage par la cure... C'est d'ailleurs elle qui créa le personnage de Madame Marchand et qui porta ce rôle pendant des années. Lorsque Gabrielle, qui intervenait déjà sur ce spectacle, devint à son tour Madame Marchand, elle s'inspira fortement de la sincérité à fleur de peau que Monique laissait entrevoir dans son jeu.

Les questions pleuvent. Qu'elle soit pertinente, inadéquate, naïve ou stupide, chacune implique une réponse.

« Vous avez des enfants ? Vous les élevez comment ? »

« Vous buvez ? Vous gagnez combien ? »

« Pourquoi faites-vous ce métier ? »

« Vous vous sentez responsable ? »

« Si vous deviez désigner un coupable, ça serait qui ? ... »

« Vos parents, ils vous laissaient faire n'importe quoi. »

Chaque comédien doit connaître intimement le personnage qu'il interprète. Au cours des répétitions, nous l'avons construit, étudié, presque psychanalysé. Nous n'ignorons rien de sa vie. Son enfance, son travail, sa vie privée, ce en quoi il croit, ses peurs, ses doutes, ses points faibles, son humanité... Tout a été abordé et noté dans la F.I.P (Fiche d'identité personnage). Si, à l'occasion d'une scène improvisée, nous trouvons quelque chose d'inédit le concernant, un détail, une anecdote, un souvenir, au terme de la séance, nous en discuterons. Selon les cas, le leadeur décidera de rajouter sur la fiche ou de rejeter le nouvel élément.

Grâce aux notes et aux récits de vie que cette fiche d'identité contient, les comédiens seront en mesure de répondre aux questions les plus inattendues (même si certaines, très déstabilisantes, peuvent nous laisser sans voix.) Il s'agira alors de laisser croire au public que c'est sur décision du comédien que le personnage a « Séché ».

Chacun des propos que nous tenons est susceptible de soulever une question. Cette dernière pourra être motivée par une réelle soif de savoir, mais aussi par une envie inconditionnelle du public de coincer les personnages que nous jouons… et par extension, les comédiens que nous sommes.

Le spectacle « autopsie d'un coma éthylique » tourne depuis longtemps, plus grand-chose ne devrait parvenir à nous désarçonner… Et pourtant !

Prenant en compte l'actualité, observant l'évolution de notre société, m'informant des nouvelles mesures prises en matière d'éducation, de justice et de prévention, je revois régulièrement ma copie. Entre deux représentations, je puis rajouter ou modifier quelques répliques, transformer une situation, créer une scène, en supprimer une autre, imaginer un nouveau personnage. Cette volonté de « Coller » le plus possible à la réalité du moment impose aux comédiens une vigilance constante. Disposant souvent de très peu de temps, ils doivent mémoriser l'ensemble des remaniements et surtout les comprendre. Même si, en règle générale, je m'évertue à leur expliquer tel nouveau mot ou telle situation inédite, je les invite souvent à pianoter sur leur propre

clavier afin qu'ils dénichent eux-mêmes l'information susceptible de leur faire défaut.

Mais cette consigne n'est pas toujours appliquée.

Lors d'une conférence-débat ayant pour thème : « La violence en milieu scolaire », l'intervention d'un CPE a particulièrement attiré mon attention. En poste dans un lycée technique
situé en milieu rural, ce conseiller d'éducation décrivait les problèmes qu'il rencontrait avec un certain nombre de jeunes placés
sous sa responsabilité. Trois d'entre eux faisaient l'objet d'une
« mise en liberté surveillée préjudicielle ». Dans le village, l'information avait vite circulé, ce qui avait entraîné une défiance
irraisonnée à l'égard des jeunes scolarisés. À tort ou à raison
chaque dégradation leur était attribuée. Quelques villageois al-
laient même jusqu'à évoquer un climat constant d'insécurité.
Existait-il une preuve tangible d'un éventuel comportement ré-
préhensible ? Aucune… Mais les rumeurs se déplacent à la vitesse du son. Après la visite nocturne d'une cave privée, précédant le vol d'une dizaine de bonnes bouteilles millésimées, la
gendarmerie de la ville la plus proche fut alertée. Lors de l'enquête, plusieurs habitants accusèrent formellement les jeunes du
lycée. L'un d'entre eux affirma qu'il avait vu un des « Délinquants », reconnaissables à son parka fluo et à son bonnet marin,
« traîner » avec quelques copains, dans les ruelles du village pas
très loin de la cave. Toute la bande semblait alcoolisée et riait
très fort.

Interrogé, le jeune put facilement fournir un alibi. Interne
bénéficiant d'une autorisation spéciale, il avait passé une partie

de la soirée, au domicile de ses parents, situé à près de 20 km, en compagnie d'un éducateur de la PJJ.

L'atmosphère régnant dans ce village, son contexte, l'attitude de suspicion, voire la peur ressentie par les habitants, le discours de ces derniers ; l'ensemble de ces détails rappelaient étrangement notre affaire. Je décidais donc d'utiliser partiellement ce fait divers.

L'une des répliques originelles de notre maire épicier était : *« de toute façon si les surveillants faisaient mieux leur travail, ces jeunes ne traîneraient pas dans les rues de notre village, livrés à eux-mêmes, à faire je ne sais quelle bêtise ! Tous de la graine de délinquance. La nuit tombée, on n'ose plus sortir »*

Elle devint après modification : *« de toute façon si les surveillants faisaient mieux leur travail, ces voyous ne traîneraient pas la nuit, dans les rues de notre village à la recherche d'un mauvais coup.   Ce sont des délinquants reconnus, toujours prêts à voler, et à saccager. D'ailleurs, plusieurs d'entre eux ont été placés sous Liberté surveillée préjudicielle. Inutile de vous faire un dessin… C'est bien simple, la nuit, on n'ose plus sortir…*

Didier, campant l'épicier qui a vendu la bouteille de whisky, répond aux questions qui lui sont posées de façon suffisante, presque hautaine. Je précise que c'est volontaire. L'« original » possède cette si sympathique particularité. Les jeunes souvent n'apprécient guère ce personnage. Un garçon à la peau noire comme l'ébène, le visage barré d'une grosse paire de lunettes écailleuses et le tout surmonté d'une imposante tignasse à la Bob Marley lève la main depuis déjà quelques minutes, attendant très calmement que quelqu'un lui donne la parole.

Bernadette qui, lorsqu'elle est hors-jeu, fait circuler le micro, l'invite à intervenir. Le jeune homme se lève, puis après avoir lancé un : *« Bonjour Monsieur le sénateur »* très poli à défaut d'être jovial, il interroge :

« Vous êtes de quel bord ? »

« Tu veux dire… Au niveau politique ? »

« Pourquoi vous permettez-vous de me tutoyer ? On ne se connaît pas ! »

« Oui, pardon… Je reprends, donc vous voulez dire au niveau politique. Je ne vois pas ce que mes engagements ont à voir avec cette affaire. Mes choix politiques ne regardent que moi »

« Si vous étiez un personnage privé, oui, mais vous êtes un personnage public. Maire, Sénateur, membre du conseil général, vous vous êtes forcément fait élire sur une étiquette… Donc, elle regarde tout le monde. Je veux simplement vérifier si les valeurs que prône votre famille politique correspondent à votre comportement qui a mon sens, n'est motivé que par une pitoyable soif de profit. Il est évident que vous vous moquez totalement des jeunes en difficulté, vous les méprisez. Pour vous ils n'existent même pas, sauf au moment des élections lorsqu'ils sont devenus majeurs… Alors, quel bord ?

Didier m'adresse un regard affolé… Il est bluffé par le ton de l'intervenant, par ses arguments et sa maturité, il hésite. La règle impose de ne citer aucun Parti politique. Je ne peux rien pour lui. Il va falloir qu'il se débrouille tout seul… Tout en respectant la consigne.

« *Jeune homme, j'aime votre franc-parler même s'il m'égratigne quelque peu... À tort. Car, et je m'en excuse, je refuse d'impliquer ma famille politique dans cette triste affaire. Votre chantage naïf, imputable à votre jeune âge, ne marchera pas avec moi. J'ai peut-être fait une erreur d'appréciation en tant qu'épicier, pas en tant que maire, ni en tant que Sénateur. Ma faute ? Avoir fait confiance à un jeune alors qu'il était sous liberté surveillée préjudicielle. Oui, j'ai voulu donner l'exemple, j'ai voulu croire en lui et j'ai été trahi. Je suis la victime ! Votre procès d'intention n'est qu'une pâle tentative de salissure... Croyez-moi, elle n'aboutira pas. Mes administrés me connaissent, pas vous !* »

En tant que leadeur, je suis dans l'obligation d'intervenir. Dans le scénario, il n'a jamais été prévu de placer Tommy sous le coup d'une mesure éducative. Au contraire, notre « antihéros » n'a rien d'un jeune délinquant, je le précise en début de séance. Didier s'embrouille dans ses explications, il perd la logique de son personnage ou pire, il tente de modifier le modèle.

« *Excusez-moi, Monsieur le maire, mais il semble que vous confondiez Tommy et quelques-uns de ses camarades. Dans le rapport que j'ai lu avec attention, aucune procédure judiciaire à l'encontre de Tommy n'est mentionnée.* »

« *Oui ! De toute façon, lui ou les autres, c'est du pareil au même !* »

La réponse de l'épicier, d'une mauvaise foi somme toute assez logique, ne satisfait pas notre interlocuteur. En garçon intelligent, il a repéré la faille. Il va s'y engouffrer en affichant un grand sourire narquois.

« Ho la langue de bois ! Vous êtes bien un politicien ! Prêt à dire n'importe quoi pour vous tirer d'un mauvais pas. Mais en fait je n'avais pas fini ma question. En tant que maire, Sénateur et tout ça... Vous pourriez nous expliquer ce que c'est cette "Liberté surveillée préjudicielle" dont vous n'arrêtez pas de nous parler. Vous avez l'air de vous y connaître et ça a l'air de craindre grave ! Et au fait, c'est quoi qu'il y a comme établissement dans votre commune : Un lycée ou une prison pour mineurs délinquants ? »

« C'est un lycée, bien sûr... ... Quant à la liberté surveillée préjudicielle, c'est... »

Didier est coincé, il ne connaît pas la réponse. Je suis curieux de voir comment il va s'en sortir.

« C'est une procédure judiciaire engagée contre un délinquant mineur et... »

Didier, par pli recommandé express, m'adresse un regard courroucé semblant m'informer du caractère urgent de mon intervention. Je ne bronche pas. Manifestement, il n'a pas jugé utile de s'intéresser aux légères modifications apportées à son texte. Pourtant, il y a quelques jours, lors de l'envoi du mail rectificatif, je clôturais mon message par la formule suivante *« Si mots ou expressions te laissent songeur, appelle-moi que l'on en parle ! »* Il ne m'a pas appelé et apparemment ne s'est pas inquiété du déroulé précis de ladite procédure. Je lui adresse donc un sourire qui pourrait se traduire par : Assume !

« Écoute ! (il a repris le tutoiement !) *Nous ne sommes pas dans un cours de procédure pénale et je ne suis pas ton prof de droit !*

Si ça t'intéresse, tu n'as qu'à demander à Wikipédia ! (Ce que lui-même aurait dû faire !)

"En fait, Monsieur, je sais… La LSP, ça consiste à remettre un jeune qui a fait des c…….. à sa famille, sous la surveillance d'un éducateur jusqu'au jour de son jugement. L'éducateur doit mener une action éducative et chercher des solutions pour le jeune. Ensuite, il fera un rapport au juge histoire de l'aider à prendre une décision le jour du jugement".

"Bravo ! Vous avez appris par cœur la définition du Code de procédure pénale avant de venir ? " (Il a repris le vouvoiement).

"Non, en fait, ça fait deux mois que je suis en LSP… Et ça fait un paquet de fois qu'on m'explique ce que c'est…"

"Donc, tu connaissais la réponse et ton seul objectif, c'était d'essayer de me coincer" (Reprise du tutoiement… Didier, il va falloir que tu fasses un choix !)

"J'ai pas fait qu'essayer ! M'sieur, je vous ai bien coincé ! Parce que vous, la réponse, vous ne la connaissiez même pas !"

Le garçon se rassoit sous des applaudissements nourris. Star du moment, il se relève pour saluer. Je lui accorde quelques secondes de triomphe, il les mérite, puis je le calme par un souriant : *"OK, c'est bon, n'en fais pas trop… Tu n'es pas à Bercy !"*

Au terme de la séance, Didier me reprochera ce grand moment de solitude dont il m'estime responsable. Selon lui, je l'ai placé volontairement dans une situation délicate. Possible… Mais à n'en pas douter, aux prochaines refontes de textes, il s'inquiétera du sens de certaines expressions. Tout comme un musicien rabâche ses gammes, un chanteur travaille ses vocalises, un comédien doit régulièrement cultiver texte et personnages. Le maire sénateur, en aucun cas, ne pouvait être coincé par la question. En effet, au regard de ses fonctions publiques, il ne pouvait que connaître le déroulé exact d'une procédure juridique qu'il utilisait comme argument... En d'autres termes, ce fut le comédien qui ce jour-là pécha par ignorance, décrédibilisant du même coup son personnage de Maire Sénateur.

16 — ON PREND LES MÊMES ET ON RECOMMENCE !

C'est un face-à-face. Comédien vs Spectateurs… Un match d'impro me direz-vous ? Oui et non, car l'objectif n'est pas de gagner. Il est d'avancer. D'amener les spectateurs à oser des attitudes qui, peut-être, modifieront l'issue fatale de notre histoire. De les encourager à proposer d'autres types de comportements. De les inviter à tenter leurs propres solutions.

À tous les comédiens que je forme aux techniques du théâtre participatif, je présente l'exercice du "l'un pousse l'autre" imaginé par Augusto Boal dans son livre : **"Jeux pour acteur et non-acteur - pratique du théâtre de l'opprimé"** Il est essentiel pour comprendre le principe de notre démarche :

"Se pousser l'un, l'autre" C'est un exercice très important, sur-tout parce qu'il montre physiquement ce que dit être l'action maïeutique de l'acteur pendant une séance. Il s'agit d'utiliser toutes nos forces pour ne pas vaincre !

Les acteurs se mettent par deux l'un en face de l'autre et se tiennent par l'épaule. Il y aura une ligne au sol. Ils commencent à se pousser de toutes leurs forces. Quand l'un sent que son "adversaire" est plus faible, il diminue sa propre poussée pour ne pas aller au-delà de la ligne, pour ne pas vaincre. Si l'autre augmente sa poussée, le premier fera de même, de façon à ce

que les deux utilisent ensemble toute la force dont ils sont ca-
pables. C'est exactement ce que le comédien doit faire pendant
une séance : ni démissionner devant le spectateur qui intervient,
ni l'écraser, mais au contraire l'aider à donner toute sa force. »

Si je devais me hasarder à une comparaison tennistique,
je dirais que le comédien est un mur sans aspérité dissimulée.
Son rôle est de renvoyer la balle réplique avec précision et non
de « lober » ou de smacher sa contre-offensive.   L'échange
même s'il peut être « musclé » doit inspirer l'improvisateur pour
le conduire si possible au terme de son cheminement.

S'il n'y parvient pas, le leadeur reprendra l'idée proposée
et tentera de la synthétiser avec l'aide du participant.

Un second critère est à prendre en compte. L'auditeur, qui
a trouvé en lui le courage de monter sur scène, d'affronter le regard d'un public qui n'est pas le sien, d'énoncer une vérité qui
lui est personnelle, et qui sans doute ne satisfera pas tout le
monde, découvre chemin faisant le compagnon de route tant re-
douté du comédien : Le trac (et son cortège de désagréments si
charmants).

Toutefois il existe une différence non négligeable entre
acteur et improvisateur. L'homme de théâtre a appris à gérer son
appréhension des planches.   Pendant des mois, parfois des années, il a ingurgité jusqu'à satiété des techniques de jeux, des
méthodes d'expressions corporelles et vocales. Il a répété son
texte, il a mémorisé ses déplacements. Bref, il a acquis une expérience que le citoyen lambda est bien loin de posséder. Quand
il nous rejoint sur le plateau, l'improvisateur volontaire n'est fort
que du besoin soudain de s'exprimer. Cette « pulsion » peut être

accompagnée selon les cas : d'un soupçon de sincérité, d'une tentative de rébellion, d'une fringale militante envahissante, d'une envie pressante d'amuser la galerie, du désir de revoir et corriger sur une scène une situation dont on est acteur, témoin ou victime à la maison.

Afin d'accompagner sans heurt ce chapelet de motivations diverses, une dose d'humour maîtrisée teintée d'un jeu « second degré » est de rigueur. Plus que dans le « Modèle » (Représentation proprement dite lors de laquelle la situation est jouée) le comédien, par un sourire, une réflexion, un ton décalé, pourra apparaître régulièrement derrière son personnage.

Le message est le suivant : Nous sommes au théâtre, nous sommes des comédiens. Même si la situation présentée, adaptée de faits divers réels, semble dramatique (et reconnaissons que, souvent, elle l'est) vous assistez à un spectacle dans lequel vous jouez le rôle de témoins. Si vous choisissez de vous joindre à nous, vous quitterez momentanément cet emploi d'observateur pour devenir ce que nous sommes : des acteurs interprétant un instant de vie. Mais il est vrai, le tableau que nous jouerons ensemble n'est pas écrit.

Retour au spectacle : Nous sommes trois sur scène.

Le père que j'interprète. Alcoolisé, oscillant entre moquerie et agressivité, il est imprévisible. Il rudoie son fils puis lui donne de l'argent. À sa femme, il réclame à boire pour ensuite exiger « *que son gamin trinque avec lui*, il ricane, il râle, il proteste, il s'énerve, il critique. Il boit !

La mère. Elle accepte. Elle semble soumise : Est-elle courbée, captive ou simplement fataliste ? Aime-t-elle son mari ? Se pose-t-elle la question ?

Elle a aimé ce qu'il était avant, ce qu'il lui arrive d'être encore, quand il est à jeun. Elle n'a pas vraiment peur de lui. Bien sûr, Il crie, il tempête, mais il ne la frappe pas. Enfin si ! C'est arrivé. Une fois. Un soir, Il l'a cogné... Il a suivi une cure après ça. De lui-même. Sobre pendant trois semaines ! Puis il a recommencé à boire. C'était trop dur. Mais depuis, il n'a jamais porté la main sur elle.

Le fils, Tommy. 16 ans. On ne sait pas grand-chose de lui. C'est un adolescent avec ses doutes et ses problèmes. Un jeune comme les autres. Pas méchant, fêtard sans excès, un peu frondeur.

Les personnages interagissent. La saynète présente une situation délicate. Tommy face à son père : cet homme, dont il se méfie, bredouille des réponses. La mère esquive. Elle obéit par habitude, par lassitude, pour ne pas envenimer une situation qu'elle juge suffisamment compliquée.

Tout en haut, en fond de salle un spectateur, respectant la consigne, crie

« Stop ! Je voudrais remplacer Tommy »

« Pas de problème, dans les minutes qui suivent, je vais être ton père, et voici ta mère. Bienvenue sur scène sous les ovations du public »

Applaudissements. J'en profite pour discrètement me tourner vers Gabrielle.

« C'est une fille ou un garçon ? »

Elle me répond par un haussement d'épaules.

« Je n'en sais rien... Un garçon... Je crois »

Il nous a rejoints sur scène. Il est grand, presque autant que moi. Enveloppé dans un long manteau style cache-poussière qu'il n'a pas quitté malgré la chaleur ambiante, il semble très mince. De longs cheveux noirs aux reflets bleus tombent sur les épaules. Une frange sombre tranche avec la pâleur de son visage. Un look d'enfer le gars ! Genre gothique romantique ! Inutile de préciser qu'il attire les regards, même celui des garçons. Je crains rires et moqueries. Pas de réaction intempestive de la part de l'assistance. Le damoiseau est populaire. Je m'apprête à récapituler le contexte. Il m'interrompt.

« J'ai bien compris la situation. Maman, je peux te parler seul à seule ? »

Il se retourne sur moi.

« Papa, je reviens trinquer avec toi dans cinq minutes, c'est promis »

Il ne me laisse pas le temps de réagir. Déjà il s'éloigne, suivie par Gabrielle.

« Maman, jusqu'à quand tu vas accepter ça ? On va ou avec papa. »

« Comment ça on va où ? »

« Tu as très bien compris maman... On fonce dans le mur. Nous trois, tu le sais, je le sais. Je l'aime, papa, c'est mon père, mais il me fait peur et toi aussi tu as peur de lui... Cette façon qu'il a

de se détruire et de nous détruire toi et moi... Je ne veux plus la supporter. Alors soit je fais comme lui, je me bousille, je n'en ai pas trop envie, mais peut-être que ça le secouera ! Soit on réagit, toi et moi ! Mais ne me demande pas de continuer à survivre comme ça. Tu as peut-être choisi de sacrifier ta vie à cet homme-là, pas moi !

Il a sorti son discours d'une traite, sans lâcher Gabrielle des yeux, sans s'occuper du public, de la scène et du micro que « notre Tommy » devenu « parrain de jeu » tenait pour lui. Je connais bien ma partenaire, elle est émue, un peu décontenancée. Je le suis, moi aussi. Ce garçon parle-t-il à sa vraie mère par comédien interposé ? Sommes-nous en plein transfert ou avons-nous affaire à un improvisateur aussi inspiré qu'excellent ?

« Tu veux faire quoi ? »

« Suis-moi, soutiens — moi. Et existe pour une fois ! »

Tous deux s'approchent de la table sur laquelle je suis installé. Gabrielle demeure en retrait.

« Henri, Tommy a quelque chose à te dire »

Je demeure dans ma logique de personnage. Saoul et imprévisible, méchant et ricanant !

« Ça c'est bien d'avoir des choses à dire à ton vieux père ! Assieds-toi fils et trinque avec moi ! Et toi, Marie-Jo, au lieu de rester plantée comme un vieux poireau, sers-lui donc un verre... et puis quoi ! Tu vois bien que le mien de verre, il est vide.... Oui ? Tu vois ? Alors, t'attends quoi pour le remplir ? Le déluge, le dégel ou de devenir belle ?... Parce que ça, je vais te dire, avec ta tête de cocker tristounet,   ce n'est pas gagné ! »

Je ne fais que reprendre une partie des répliques écrites. Je sais déjà que notre improvisateur ne me laissera pas achever ma tirade d'abruti alcoolisé.

« Papa, c'est important ce que j'ai à te dire, alors s'il te plaît, tu arrêtes tes conneries et tu m'écoutes ! »

Adoptant une attitude menaçante, titubant et levant le bras, comme si j'allais le frapper, je me dresse devant le jeune. La situation est violente, mais nous devons la poursuivre jusqu'à son terme, sans excès ni véritable coup bien entendu.

« Dis donc grand échalas, comment c'est que tu causes à ton père ? Ce n'est pas des langages ça ! Moi si j'avais causé comme ça a mon vieux... »

Gabrielle sait exactement ce qu'elle doit faire : Venir en aide à Tommy. Je fais 1,90 mètre, je pèse presque 100 kg. Physiquement j'impressionne le garçon assis devant moi. Il n'avait pas prévu ma réaction. Il pensait sans doute que j'allais lui faciliter la tâche.

« Henri ! Tommy vient de te dire qu'il a quelque chose d'important à te dire ! Alors maintenant tu fermes ta grande gueule et tu écoutes !

Elle a crié en frappant la table de sa main ouverte. La moitié de la salle a sursauté. Nous nous affrontons du regard. Une confrontation mari/femme serait totalement inutile. Je dois céder afin de permettre à Tommy de s'exprimer. Bravo Gabrielle, tu as fait exactement ce qu'il fallait faire ! Tu as ouvert la voie. Je me rassois, bredouillant un :

"Calme-toi chérie, faut pas t'énerver comme ça... Même que je vais me servir tout seul si tu veux. Alors gamin, c'est quoi que tu voulais me dire."

Coup d'œil du garçon sur Gabrielle qui d'un hochement de la tête l'encourage. Gentiment, mais avec force, il repousse le micro que le "vrai Tommy" lui tend puis il se lance, d'une voix douce, posée. Plus de la moitié de la salle ne doit pas l'entendre, mais il m'est impossible de lui demander de parler plus fort.

"Papa, je t'aime. Quand j'étais petit, tu étais tout pour moi. Tu étais le roi. On avait une complicité d'enfer, je pouvais compter sur toi. On jouait, tu m'emmenais dans plein d'endroits. Tu as changé papa. Aujourd'hui, j'ai peur de toi... Et ça fait mal d'avoir à te dire ça, mais, j'ai honte de toi ! Tout le monde se fout de toi quand tu es bourré, tu ne t'en aperçois même pas. Je ne t'en veux pas parce que tu bois, tu dois avoir tes raisons. Mais moi, tu vois, ça me fait mal et j'en ai marre d'en avoir marre. Je suis malheureux, maman est malheureuse et je suis sûr que toi aussi tu es malheureux. Alors, maman et moi, on va partir... Vivre chez papy et mamy par exemple ou ailleurs, je ne sais pas, on trouvera bien un endroit... Et toi, tu continueras à vivre comme tu veux ou comme tu peux. Voilà, j'ai terminé papa, tu peux finir ton verre maintenant et même t'en servir un deuxième !"

Séquence émotion ! Mon gothique à la peau blanche est au bord des larmes. La salle est plongée dans un silence absolu. Même s'ils sont nombreux à ne pas avoir entendu l'ensemble des propos tenus, tous ont réalisé qu'il se passait quelque chose. Gabrielle, son torchon à la main se met à essuyer frénétiquement le plateau de la table. La jeune fille du premier rang, très concernée comme on le sait par la situation, coudes soutenus par ses genoux, menton posé entre ses deux mains ouvertes sur ses joues, guette ma réaction comme l'on épie une sentence. Mon personnage ne peut que lâcher prise. Il aime son fils et n'est pas suffisamment alcoolisé pour ne pas entendre ce qui lui a été dit.

J'ai poussé plus loin l'improvisateur qui me faisait face, je l'ai incité à en faire de même avec moi. Il a parcouru jusqu'à son terme un chemin qui pour lui fut sans doute escarpé. Si j'étais le père, je succomberais à cette belle plaidoirie qui n'avait vraiment rien d'un réquisitoire. C'est la consigne que je donne aux comédiens intervenants… Quand les arguments que l'on vous sert sont si forts ou si vrais qu'ils vous touchent au cœur, vous devez permettre à votre personnage de céder. Il y a toujours une petite lueur au bout du tunnel. Si votre interlocuteur parvient à vous la montrer, ne faites jamais semblant de ne pas la voir !

Je contemple mon verre. Je vide le reste de son contenu dans la bouteille. Je regarde "mon fils" et je murmure :

"Tu as raison gamin, je ne suis qu'un sale con d'alcoolo… Moi aussi je t'aime. Alors, je vais me faire soigner. Pour moi, pour toi et aussi pour nous. Et je te promets que cette fois-ci, ça va marcher !"

Le jeune homme acquiesce d'un lent mouvement de la tête. Il demeure en suspens quelques courtes secondes puis.

"Papa ? Je peux t'embrasser ?

Bon, ok pour le transfert ! OK pour la soudaine image bienveillante et rédemptrice du père ! Mais à ce stade du jeu, il faut que l'on en sorte ! Nous ne sommes ni dans un jeu de rôle thérapeutique ni dans un psychodrame.

En le prenant dans mes bras, je lui murmure à l'oreille : *Bravo ! Mais là, il faut que tu arrêtes garçon, sinon je risque vraiment d'ouvrir les vannes à mon tour !*

On ne 'manchonne' pas les comédiens !

Séance tout public dans une banlieue de la région lyonnaise réputée agitée. Le thème de la soirée : 'La parentalité à l'épreuve de l'adolescence.' Les programmateurs sont ravis et il y a de quoi. Une petite centaine de personnes, jeunes et adultes, se sont installées dans la salle polyvalente du centre social local transformée pour l'occasion en hall de spectacle. De nombreuses mamans sont présentes, espérant sans doute des réponses que nous ne donnerons pas.

Nous sommes venus leur raconter l'histoire de Fred.

Fred est un garçon de 16 ans un peu paumé. Il fume des pétards, ses résultats scolaires sont catastrophiques, il est insolent, provocateur, désobéissant… Sa mère l'élève seule. Elle est à bout de forces, presque démissionnaire. Elle ne sait plus quoi faire.

Les profs s'inquiètent, Fred fait une fugue. Il bascule dans la petite délinquance. Police puis justice s'en mêlent. La situation s'emballe.

Le modèle est dur, réaliste, parfois violent. Je me suis inspiré d'un fait divers réel. Alcool, drogue, détresse, dealers et voyous, le jeune homme est aspiré dans une spirale infernale. Le domicile familial se transforme peu à peu en zone de conflit.

Désespérée, la mère, interprétée par Monique, se tourne vers le public.

'Je n'en peux plus ! Qu'est-ce que je dois faire ? Aidez-moi ! Je suis à court d'arguments !

Il est vrai que son 'fils' joué par Medhi, un véritable 'routier' du théâtre participatif, vient, par ses propos, de choquer, la presque totalité des spectateurs.

Petit extrait du dialogue (je précise que cet échange s'inspire du témoignage d'une mère de famille célibataire décrivant les rapports qu'elle entretient avec son fils de 16 ans.)

La mère — Dis donc, Fred, c'est quoi cette lettre qu'on a reçue du lycée ?

Fred — Tu viens de le dire... C'est une lettre qu'on a reçue du lycée.

La mère - Mais qu'est-ce que t'as encore fait ? T'es viré ?

Fred — C'est rien ! Je me suis pris la tête avec un gros naze de prof. Tu vas pas en faire un fromage !

La mère — Mais tu vas aller où maintenant... Il faut qu'on te trouve une nouvelle école !

Fred — ça va pas non ? Je vais chercher du boulot... Bon, en attendant, je te laisse.

La mère — Mais tu vas où ?

Fred — Tu vas où ? Tu vas où ? ç'est bon ! ! Tu es keuf ou quoi ? J'ai des collègues qui m'attendent en bas... OK ?

La mère — Mais on n'a pas fini de parler

Fred — Mais si on a fini... Et puis demain... Tu fais poste du matin. Tu te lèves à quatre heures ! Alors, tu me lâches, tu vas faire ta vaisselle et tu vas te coucher... À demain !

Par les participants, Fred se fait copieusement sermonner.

'T'es qui toi pour parler à ta mère comme ça ?' lance une jeune fille d'une quinzaine d'années.

Garçon ! On doit respecter ses parents ! Complète une jeune maman.

Ils sont nombreux à invectiver, à murmurer.

Je remercie le public pour ses commentaires. Toutefois, je rappelle que la mère de Fred n'a pas demandé que l'on tente sur son fils, une leçon de morale qui immanquablement se révélerait inutile. Elle réclame des conseils.

'Si une personne, homme ou femme, pouvait rejoindre madame sur scène et prendre sa place quelques minutes. Elle pourrait lui montrer comment elle s'y prendrait avec Fred. Je pense que ça aiderait beaucoup cette mère qui, manifestement, est au bout du rouleau !

Hésitation. Certains se demandent si l'histoire est vraie. Fred est-il vraiment le fils de Monique ? Ces gens sont-ils venus 'déballer' sans complexe leur linge sale familial devant public, comme ça se fait aujourd'hui dans les reality-shows de la télévision ?

Timides, plusieurs mains se lèvent. En milieu de salle, je repère une dame qui agite ses bras à la façon d'un **marshaller** d'aéroport. Difficile, sinon impossible, de ne pas la remarquer. C'est une 'black mama' à la silhouette enveloppée et au physique comparable à celui de la regrettée Carole Fredericks, qui, en cette année 1998, était sans doute l'une des plus belles voix du show-biz.

'Madame, il semblerait que vous ayez des conseils à proposer à notre mère égarée. Je vous invite donc à nous rejoindre sur scène'

Applaudissements nourris. La dame semble populaire. J'apprendrai au terme de la séance qu'elle mène dans le quartier une vie militante et associative bien remplie.

Nous reprenons la scène. Medhi s'apprête à répéter mot pour mot le texte qui est le sien. Il ébauche une réplique quand soudain l'apocalypse lui tombe dessus. Réprimandes acérées, menaces, séquestrations, répression... L'orage est sans fin. Le comédien tente de résister au cyclone qui l'emporte (au sens figuré et au sens propre) car notre improvisatrice, par petits coups de son imposante poitrine, pousse le malheureux 'Fred' en direction de l'emplacement de scène censé être sa chambre.

'Non ! Tempête notre mère de remplacement, tu ne sortiras pas de cet appartement ! Je t'attacherai s'il le faut !"

"Hé maman !" risque Medhi, tu te la joues matonne survitaminée ou quoi ? »

Une réplique de trop qui, si elle fait rire toute la salle, ne calme guère la maman. Le temps que je réagisse, la main leste à fait son chemin en direction de la joue de l'insoumis. Et ça n'est pas une gifle de théâtre !

Flairant le danger, Medhi a anticipé le mouvement. Il parvient de justesse à éviter la charge. D'un bond, il s'écarte de la dame. Mais cette dernière n'entend pas en rester là. Le bras levé, elle poursuit le garnement, scandant un tonitruant :

« Mon fils, tu viens immédiatement ici et tu obéis à ta mère ! »

Et la poursuite commence. Un tour de plateau est effectué, puis un second. Ça tourne au gag, on se croirait chez Benny Hill ! Pourtant, la dame est très sérieuse, elle ne sourit pas, bien au contraire, elle vocifère !

Monique, tant bien que mal, tente de dissimuler son fou rire. J'ai moi-même du mal à conserver mon sérieux. La salle s'offre une séance de franche rigolade ! Medhi, en petites foulées, passe devant moi. Hilare, il me lance :

« Arrête là ! Elle va me massacrer ! »

Je m'interpose.

« Madame, détendez-vous ! C'est du théâtre ! Par pitié ! Ne manchonnez pas les comédiens ! »

Elle s'immobilise. Lors d'une fraction de seconde, je m'interroge. Sa colère va-t-elle se retourner contre moi ? Elle lance un regard courroucé sur Medhi, camouflé derrière moi puis brusquement nous offre un sourire toutes dents dehors.

« Je suis très détendue, je jouais le jeu, c'est tout ! Je sais bien que nous sommes au théâtre et que tout ceci n'est pas vrai ! »

Cette déclaration me laisse perplexe. Sans sa rapidité de réflexe, il est probable que Medhi aurait encaissé la torgnole. Cependant, j'invite le public à applaudir la prestation. La dame a droit à une véritable ovation.

Je demande :

« Applaudissez-vous le comique de la situation où le comportement plutôt violent que madame nous a proposés ? »

« Beau joueur, le comédien lâche : « En tout cas moi, je file dans ma chambre faire mes devoirs. Douce petite maman, va donc te reposer, après, je ferais la vaisselle et le ménage, »

« Vous voyez, Monsieur, lance l'improvisatrice, que les baffes parfois c'est efficace ! »

Le débat (Légitimité de la violence dans l'éducation) qui suivra se révélera fort intéressant. Le comportement proposé aura ses partisans (plutôt chez les jeunes) et ses détracteurs.

Quoi qu'il en soit, depuis cette séance mouvementée, à chaque nouveau participant désireux de proposer un type de comportement, je donne l'instruction suivante :

« Attention, nous sommes au théâtre... Vous pouvez estimer que ce personnage mérite une gifle, vous pouvez le dire, vous pouvez faire semblant de la donner, mais s'il vous plaît, évitez de manchonner les comédiens ! »

17 — LE VERDICT

La séance touche à sa fin, plus de 90 minutes que nous débattons. Certains jeunes, guettant le signal du starter, sont déjà dans les starting-blocks. Il est temps de conclure.

Le verdict est une étape importante. Le temps d'un vote à main levée, la totalité du public va enfin pouvoir s'exprimer.

J'explique : « *À présent, mesdames et Messieurs les jurés, c'est à vous de décider. Ma question est simple, mais je reconnais que votre réponse risque de l'être beaucoup moins. Victime d'un coma éthylique, Tommy affichait 4,5 g d'alcool dans le sang lorsqu'il est mort, ce jour-là. Il s'est étouffé en régurgitant. Le drame était-il évitable ? Existe-t-il un ou des responsables ? Êtes-vous en mesure de désigner un ou plusieurs coupables ?* »

Ils sont prêts à jouer le jeu. Au terme de ce débat, ils estiment normal de désigner un coupable. Ils se sentent solidaires de Tommy, du désespoir de ses parents. Je leur propose une ultime fois de prendre la parole.

« *Avant de statuer, avez-vous un plaidoyer, un réquisitoire ou tout simplement un dernier commentaire à faire* ».

Plusieurs réclament la parole. Dans cet amphi surpeuplé, il règne le saisissant silence d'une Cour de justice. J'avance avec mon micro. Une jeune fille se lève. Sa main se met à trembler quand elle porte le micro devant sa bouche.

« C'est l'horreur. On ne peut pas accepter de voir un mec de 16 ans mourir comme ça. On peut faire la fête, c'est sûr, on peut s'amuser, déconner, mais boire autant, c'est n'importe quoi ! Ça craint trop ! »

Sa voisine s'empare à son tour du micro. Je n'ai même plus besoin de faire le « passeur »

« Ce qui est n'importe quoi c'est de faire des concours avec de l'alcool pour jouer à celui qui tombera le premier. Il y en a des plus faibles que d'autres et c'est ceux-là qui ramassent... Comme Tommy. Elle fout les boules cette histoire »

Troisième intervenant, il est installé en milieu de salle. Un HF à la main, Bernadette m'a devancé. C'est bien, nous devons rapidement conclure. Ils sentent que notre rencontre parvient à son terme. Des langues, demeurées jusqu'à présent muettes, se délient. Il y aurait tant de choses à dire !

« Se mettre minable, en buvant une quantité pas possible d'alcool en peu de temps. C'est un truc à la mode. Certains le font parce qu'ils ne veulent pas décevoir les copains. Alors, ils boivent cul sec. Mais ça, c'est pas faire la fête ! C'est se détruire en fait, c'est ça l'histoire de Tommy. »

La CPE, assise en fond de salle, demande la parole. Rapidement, Bernadette l'a rejoint. Elle sera la dernière à intervenir. Debout, elle s'adresse à l'ensemble de la salle.

« Outre l'alcool, vous ne devez pas oublier que c'est aussi l'indifférence qui a tué Tommy. Il y avait sans doute une trentaine de jeunes dans le car, ils l'ont laissé seul sur la banquette arrière, allongé sur le dos. Il n'avait plus la force de se tourner sur le côté pour régurgiter sans s'étouffer. Si quelqu'un l'avait mis en position latérale de sécurité, comme les comédiens vous l'ont montré tout à l'heure, il aurait pu être sauvé. Je vous dis ça à tous ! C'est important ! Lorsque l'on voit que quelqu'un ne va pas bien, il ne faut pas attendre en se disant que cela va passer, qu'il va cuver son alcool. Il faut tout de suite appeler les secours, le chauffeur, un prof, n'importe quel adulte ! »

Chose suffisamment rare pour être signalée. La CPE est applaudie. Son discours, on l'a senti, n'est pas une simple leçon de morale. Il est sincère, porté par une visible émotion.

Nous passons au vote. J'appelle, un par un, chacun des personnages. Nombreux les bras se lèvent, se baissent. Le mouvement est accompagné de commentaires, de réflexions souvent peu aimables à l'encontre des protagonistes.

Pour nos nombreux jurés, deux personnes doivent être inculpées. Madame Michel, la patronne du café et surtout, Monsieur Baldi, le maire épicier. Lorsque j'appelle ce dernier, c'est une forêt de mains levées qui se dresse. Je perçois des remarques du style :

« Chaise électrique pour lui ! » « Peine de mort ! »

Je juge utile de rappeler à cette si sévère assistance que la peine capitale a été abolie en France, il y a déjà de longues années, bien avant leur naissance !

Volontairement, « j'oublie » de citer quelques personnages importants. Le public fera-t-il l'impasse sur ces possibles « prévenus » ou réclamera-t-il leur jugement ? C'est la jeune fille du premier rang, plusieurs fois évoquée dans ce texte, qui lance le mouvement de révolte :

« Pourquoi vous ne faites pas juger le père et la mère ? »

« Ils ont une responsabilité à ton avis ? »

« Oui. Le père pour avoir incité Tommy à boire et la mère pour avoir laissé faire ! S'ils avaient fait leur boulot de parents correctement, Tommy ne serait pas mort et aujourd'hui on n'aurait personne à juger ! »

Je m'adresse à la salle :

« Que les personnes favorables aux jugements du père et de la mère veuillent bien lever la main ».

Les faits qui vont suivre peuvent paraître assez surprenants, pourtant ils se sont répétés lors de nombreuses représentations. La presque totalité de la salle se prononce pour le jugement des parents. Tout naturellement, je réponds à cette demande. À une très forte majorité et à de rares exceptions près, le père et la mère ne sont jamais condamnés.

Une demoiselle, qui jusqu'à cette phase finale de l'intervention demeura silencieuse, lève timidement la main. Elle est toute petite, assez boulotte, frisottée, porte des lunettes et arbore un flamboyant « J love New York » sur son T-shirt noir. Je devine l'effort intense qu'elle accomplit pour oser demander la parole. D'autres jeunes, plus d'une dizaine, se manifestent. Cependant, je choisis l'hésitante adolescente brunette. Je lui tends le micro.

« Vas-y, Jeune fille, on t'écoute »

Elle demeure assise et c'est d'une voix presque inaudible qu'elle demande :

« Et les deux copains, c'est normal que vous n'en parliez pas ? »

Ils sont plusieurs à pousser un soupir de déception. Je perçois un :

« Pffff ! C'est ce que je voulais dire ! »

« Tu as raison, les copains… Quel chef d'inculpation pourrait-on retenir à leur encontre ?

Elle répond par une presque question.

« Non-assistance à personne en danger de mort ? »

Je soumets le jugement à la salle. Cette dernière confirme avec véhémence l'analyse de notre jeune oratrice.

Lors d'une séance de théâtre participatif, de façon consciente ou pas, le leadeur, s'il n'y prend garde, risque aisément de se transformer en meneur de jeu directif. Il imposera alors au public, par ses choix de chronologie, par les questions qu'il pose, par les thèmes qu'il développe, une démarche de pensées et un cheminement de déductions qui correspondent à sa propre vision des faits.

L'on pourrait résumer cette approche par un mot : Manipulation, voire prosélytisme.

C'est pourquoi je m'évertue, dans la mesure du possible, à laisser aux spectateurs le soin de choisir les sous-thèmes et les questionnements que nous aborderons tout au long de la séance. Il leur appartiendra par exemple de désigner les personnages avec lesquels ils désirent échanger ou dont ils souhaitent commenter les comportements. Ils rappelleront, s'ils le jugent utile, des protagonistes que j'ai sciemment pris parti d'ignorer.

Il est fréquent qu'au terme d'une séance un adulte me fasse remarquer, ou plus précisément me reproche, que telle ou telle thématique, pourtant importante à ses yeux, n'a pas été exploitée ou développée.

Ma réponse demeure toujours identique :

« Je me refuse à contraindre le public à suivre un programme précis que j'aurai fixé au préalable. Si les participants ont fait le choix d'ignorer un point abordé lors de l'exécution du modèle, il s'agit de leur décision. Je ne puis que la respecter. »

Je me permets d'ailleurs une parenthèse portant sur le choix des sujets que je traite sur scène et surtout sur ma façon de les aborder. Comme je l'ai déjà précisé plus haut, en tant que professionnel du débat et de l'échange d'idées, je ne suis le porte-parole d'aucune structure si méritante, soit-elle. Je décline toute demande de création lorsqu'elle est accompagnée d'une volonté d'utiliser mes interventions dans l'objectif de véhiculer une opinion, une position ou toute autre idéologie. Dans le même ordre d'idées, lorsqu'il s'agit pour moi de concevoir une nouvelle trame de réflexion, mes pensées personnelles ou autres croyances ne rentrent pas dans mes critères de sélection

Ainsi, pour exemple, à une association connue me proposant de créer un spectacle défendant l'avortement, j'ai répondu :

« *Je ne puis élaborer un spectacle "pour" pas plus que je ne désire réaliser un spectacle "contre". Toutefois, je vous propose un spectacle "sur" l'avortement. Ainsi, les "pour", les "contres", mais aussi les indécis auront possibilité d'échanger en toute sérénité.* »

Ma proposition n'a pas été retenue : Qu'importe ! Je tiens avant tout à une réelle et sans équivoque neutralité professionnelle !

18 — QUAND TOMBE LE RIDEAU

Un titre de chapitre fort symbolique ! En 25 années de plateau participatif, je pense n'avoir jamais utilisé un rideau de scène. Le théâtre est ici un outil, pas une fin en soi. C'est pourquoi lors des séances que je mène, je tente de gommer le « fossé » salle/scène qu'incarne le rideau. Délaissant régulièrement planches et estrades, nous réduisons la distance qui nous sépare du public. Ils sont parfois tout près, à un mètre de nous. Ils peuvent nous toucher, nous sentir, nous entendre. À cette distance, impossible de tricher. Le maquillage ne rattrape rien, le jeu théâtral non plus. Nous n'installons ni projecteur, ni poursuite pour « trancher » nos personnages. Nous ne jouons pas de vaudeville, nous n'interprétons pas un drame, nous reconstituons la vie. Nos faiblesses, nos peurs, nos hésitations se devinent. À nous de les transmettre aux personnages que nous personnifions.

Dans le jeu, nous sommes proches parfois de l'acteur de cinéma. La caméra filme un visage en gros plan. Chaque mimique est perçue, chaque exagération ressentie. J'équipe souvent les comédiens de micro Hf cravates ou satellites. Ainsi, ils peuvent se défaire de leur « voix théâtre » forte et puissante, pour se limiter parfois à un chuchotement, une douce phonation, un souffle, une respiration.

Ils sont pressés de partir. La corne de brume enrouée, annonçant l'heure officielle de la fin des cours, a sonné depuis déjà quelques minutes. J'ai fait applaudir mon équipe et surtout nos jeunes comédiens volontaires. Ils ont été acclamés. Ils sont fiers de leur prestation, ils ont raison. Bernadette n'a pas tort lorsqu'elle leur lance avec un sourire de grande sœur

« Vous avez assuré grave, les mecs ! »

L'assemblée déserte les sièges en troupeau. Rapidement, la salle se vide. Il demeure des papiers par terre, quelques chaises bousculées, une casquette oubliée, une écharpe, un bonnet et le silence. Un calme soudain, saisissant, presque assourdissant. Ils étaient deux cents, il n'y a pratiquement plus personne !

Si ! Nos apprentis comédiens de l'atelier sont toujours là. C'est amusant. Ils ne veulent plus quitter le plateau. Ils demeurent avec nous, se « tapant l'incruste » nous suivant, nous proposant un coup de main pour le transport du matériel, pour le chargement du véhicule.

Ils ont vécu une expérience qui les a marqués. Ils vivent cette fin de journée un peu comme une rupture.

Les adultes, encadrants et autres personnels discutent entre eux, par petits groupes. Certains tentent une approche.

Gabrielle va maintenant prendre en charge ce que nous nommons « le service après-vente ». Cette mission consiste à recueillir les avis, les commentaires, les doléances, les compliments. Elle explique aussi nos ressentis, nos choix, nos méthodes, notre fonctionnement. Elle détaille les autres spectacles, ceux qui sont à venir. Elle commente la séance, l'interaction, ce qui a été dit et non dit, les suites à prévoir. Un vrai travail de communication que je lui abandonne bien volontiers. Au cours des dernières 90 minutes, j'ai donné ce que j'avais à donner. J'ai analysé, j'ai parlé, j'ai animé, j'ai couru, je n'ai plus envie d'argumenter ! Mon travail est fini. Je n'aspire à présent qu'a un seul refuge : La cabine calmement « ronronnante » du minibus qui dehors sur le parking nous attend.

Nous prendrons la route. Lors des vingt premières minutes, nous partagerons nos impressions sans les développer. Encore un principe que je tiens de celle qui m'a formé.

« Ne critique jamais un comédien "à chaud" il est à fleur de peau, trop fragile. Tu pourrais le détruire. Attends quelques heures, ton analyse n'en sera que plus précise ! »

Enfin l'équipe s'endormira. Sauf peut-être Gabrielle qui veillera. Seul au volant, j'allumerai la radio. Je choisirai une station qui envoie des décibels, puis je ramènerai tout ce petit monde à bon port.

Mais nous n'avons pas quitté les lieux. Tant d'événements peuvent encore survenir !

L'une des personnes installées en haut de salle s'approche de moi, souriante, avec un air complice. **C'est un homme sec et maigre. Son crâne est rasé de près. Ses yeux reflètent le bleu pâle d'un ciel voilé. Il a le visage en lame de couteau, très marqué, creusé par des rides profondes. Ce type a une vraie gueule de truand, il a dû en baver... Ou casser quelques banques ! Il me lance :**

« 9 août 90 ! »

Ce gars vient de m'annoncer, je pense la date précise de son dernier verre. Une coutume chez certains alcooliques abstinents. Peu désireux de commettre d'impair. Je me tais et j'attends la suite. Je sais déjà qu'elle viendra.

« *Quand tu vois* **ma gueule de pochard, tu te dis qu'il était temps d'arrêter, à 52 balais** ».

C'est bien ça ! C'est une « gueule cassée » membre d'une association d'anciens buveurs, invité sans doute par le lycée, à assister à la représentation. Il continue.

« *Bravo mon gars ! C'est bien ce que tu fais pour les gamins ! Toi t'es un AA ! Ça se voit ! Moi, je viens de la croix bleue. Ton gamin, il serait fier de toi !* »

AA : Alcoolique anonyme. Il me prend pour mon personnage. Il est rentré dans l'histoire sans pouvoir en sortir. Il est persuadé que je suis le père de Tommy. J'ai déjà connu ce genre de situation.

Je m'apprête à répéter ce que j'ai déjà précisé en début de spectacle. Je suis comédien, je joue un rôle, je travaille dans la prévention et puis finalement je me dis : à quoi bon le détromper ? À croire ce que l'on veut croire, on entend ce que l'on veut. Nous ne nous reverrons sans doute jamais. Il gardera en mémoire le souvenir de ce mec qui a perdu son fils et qui a trouvé en lui la force de se relever. Il racontera l'histoire. Peut-être qu'elle procurera un peu d'espoir à certains.

« Ouais, t'es un A.A. Tu parles comme eux. Tu te confies. J'ai bien aimé comme t'as raconté ton alcool et puis après la façon que tu as d'expliquer ton sevrage. Mon alcoolisme à moi, il a commencé comme le tien, tout jeune avec mon père. Je piavais dans les mêmes proportions que toi : Deux litres de vin et des pastis en veux-tu en voilà ! Pour ma famille et même pour moi, ça a fini par devenir insupportable. Alors un jour ma femme s'est barrée avec les gosses. Je suis rentré du bar, elle était plus là. Un appartement vide sans plus personne à aimer, ça fout les jetons ! Alors, j'ai fait comme toi ! J'ai laissé mon dernier verre le 9 août. Ces des gens biens ceux de la "Croix Bleue" Leur mouvement, il est moins connu que les AA, je te l'accorde, mais c'est sûr, ils m'ont vraiment aidé. Tu sais quoi ? Mon truc à moi pour être bien c'est de voir ma tronche le matin dans la glace ! Avant je voyais le "Gainsbarre" de la fin, tu vois ce que je veux dire ! Aujourd'hui... C'est quand même mieux ! Mais bon, je suis lucide quand même, avec la gueule que ça m'a laissée, 30 ans de picole, je sais que dans ma glace, je verrais jamais le "Delon" de ses débuts. »

« Et ta femme, elle est revenue ? »

« Non. Mais avec mes deux gosses, ils sont adultes maintenant, je m'entends bien. Et elle, c'est devenu une amie. On est proche.

Il m'explique qu'hier, avec ses collègues il a animé ici même, au lycée, un atelier en direction des jeunes. Ils étaient regroupés par groupe de vingt. Il me décrit le déroulé des interventions : Les témoignages, les lunettes de simulation alcoolémie, le verre doseur, le quiz.

Après plusieurs minutes d'échange un peu unilatéral, je suis contraint de l'interrompre.

« *Je suis obligé de partir. Tu comprends, j'ai de la route* »

« *Je comprends ! Bonne route mon gars… Tiens le coup et n'arrêtes pas !* »

Il arrive fréquemment qu'au terme d'une séance, Jeunes ou adultes, qu'ils soient seuls ou par petits groupes, viennent me raconter leur expérience, leur vécu, leur combat, leur victoire, leur drame parfois. Qu'attendent-ils de nous ? Des réponses, un soutien ou tout simplement parfois une écoute attentive et neutre. Je sors alors de ma cécité muette d'après séance. Ces rencontres font partie intégrante de mon travail. Je ne puis fermer ma porte sans proposer en échange une fenêtre ouverte.

Je vous propose une ultime anecdote ! Elle relate mon tête-à-tête avec Armelle, un face-à-face qui, je l'avoue, est resté gravé en moi.

« Elle s'appelle Armelle »

Nous sommes à quelques jours de Noël. À midi, après l'atelier, dans la cantine du collège, nous avons eu droit au repas de fête. Les élèves sont excités. Plus qu'une journée de cours ! Vendredi, début des vacances !

À des classes de sixième et cinquième, nous avons présenté « Autopsie d'un coma éthylique » La séance vient de s'achever. Tout s'est bien passé.

Elle s'approche de moi. Il s'agit d'une très jeune fille, 11/12 ans peut-être. Comprenant qu'elle désire parler, je m'éloigne des quelques personnes avec lesquelles je conversais.

« Chez moi, c'est pas mon père qui boit trop, c'est ma mère… Mais seulement quand il n'est pas là… Il est représentant. Quand papa est à la maison, le week-end ou pour les vacances, jamais elle boit, ou alors elle s'arrange pour que ça ne se voit pas. Des fois, le soir, pas souvent, mais ça arrive, quand elle a trop bu, elle peut facilement s'énerver… Dans ces moments-là, elle peut nous insulter, nous frapper, balancer des objets à travers la cuisine ou sortir pour rentrer très tard… La plupart du temps j'arrive à la calmer et surtout je mets mon frère à l'abri dans sa chambre.

Un silence. Assez long. Elle semble rassembler ses idées. Je garde le silence. Je ne puis l'interrompre, mais déjà je me demande ce que je vais pouvoir faire de sa confession. Un des comédiens s'avance, trois micros Hf à la main. Il est nouveau dans l'équipe et ignore sans doute où ranger ce matériel. D'un simple regard, je lui fais comprendre qu'il doit continuer sa route pour s'adresser à quelqu'un d'autre. La jeune fille reprend.

« En fait, c'est pas pour moi que j'ai peur, c'est pour lui, mon frère. Il a pas 6 ans. Et je ne suis pas toujours là pour le protéger, tu comprends ? Je rentre vite de l'école le soir au cas où mais… À ton avis, Tu crois que je dois dénoncer maman à papa ou à quelqu'un d'autre ? Elle est sympa ma mère quand elle n'est pas bourrée. Et puis je ne voudrais pas qu'on vienne me l'enlever. J'ai besoin d'elle quand même. »

Et pan ! Prends ça dans les dents ! Je n'ai que quelques ridicules minutes à accorder à cette gamine, et dans ce laps de temps, je dois trouver une réponse satisfaisante à lui proposer.

Je lui explique que je ne suis que de passage, que je n'ai pas le temps de prendre en charge son questionnement, que je ne suis pas là pour ça. De son histoire, je ne connais que les quelques phrases qu'elle a bien voulu me confier. J'ignore qui elle est, j'ignore sa mère, j'ignore sa situation familiale. Je n'ai aucun recul, aucune vision de la situation réelle, aucune possibilité d'envisager un suivi. Dans moins d'une heure, je serai sur la route, définitivement loin d'elle. Prendre parti, donner des conseils d'action, serait prendre le risque de commettre une erreur qu'elle seule paierait.

Je guette sa réaction. Elle est face à moi, serrant contre sa poitrine un sac bandoulière noir et blanc à tête de manga. Elle n'a pas bronché. Elle attend la suite, me regardant fixement.

« OK ! Bien sûr jeune fille je peux quand même.... »

« Armelle, je m'appelle Armelle » me précise-t-elle...

« Armelle donc, je peux quand même te dire plusieurs petites choses qui peut-être pourront t'aider.

Si tu décides de partager ce secret si bien gardé avec une autre personne que moi, une personne de ton choix qui, elle, saura te conseiller et même prendre des décisions, en aucun cas tu ne dois croire qu'il s'agira d'une « dénonciation ». Tu réponds à un appel au secours. Tu aimes ta mère... c'est normal d'aimer sa mère. Le fait qu'elle soit peut-être alcoolique n'y change rien. Et c'est un acte d'amour de trouver la force de parler pour que quelqu'un lui vienne en aide. Tu l'as dit toi-même, elle n'est pas méchante ta mère... Elle a simplement besoin d'aide... Seulement, si personne ne sait, si tu t'enfermes dans un silence que je comprends tout à fait, mais qui ne t'aide pas. Qui pourra prêter main-forte à votre famille ? Toi aussi tu as besoin d'un allié et ça n'est pas à toi, je pense, d'assumer la protection de ton petit frère, ni de le cacher, ni de gérer ta mère ou de la calmer pendant ses crises…

Elle me coupe.

« Ni de préparer le repas pour mon frère et de le coucher quand elle s'endort à 7 heures dans sa chambre ou sur le canapé ? »

« J'estime que ça n'est pas à toi de faire ce genre de chose… Sauf si ta mère te demande un soir de jouer les baby-sitters, contre rémunération, parce qu'elle sort au ciné avec ton père par exemple. Armelle, tu dois, toi aussi, te mettre à l'abri. »

« Mais je suis venu te parler, je te l'ai avoué mon secret »

« Et je te remercie pour cette confiance que tu m'accordes… Mais je t'ai expliqué pourquoi je ne pouvais pas agir. Je te propose qu'ensemble, nous allions voir l'Assistante sociale du collège, je la connais un peu, elle est cool. Si tu préfères ça peut-être   l'infirmière, un prof de ton choix, ou bien la CPE, en fait ça peut être la personne que tu veux… Je lui expliquerai que tu as quelque chose d'important à lui dire et je vous laisserai discuter… T'as fait, le premier pas avec moi, ç'était hyperimportant, mais je pense que tu dois tout de suite faire le second… Fais-le au moins pour moi, sinon ce soir, je ne dormirai pas ! Qu'en dis-tu ?

« L'AS, elle ne va pas me juger ou faire enfermer ma mère chez les dingues. »

« Te juger ? Pourquoi ? Personne n'a rien fait de mal. Pour le reste, je ne sais pas. Elle transmettra sans doute à des personnes qui pourront agir. Mais quoi qu'elle propose, ce sera dans l'objectif de changer une situation qui ne peut demeurer en l'état. Mais je pense qu'elle demandera ton avis sur une éventuelle conduite à tenir. Ce ne sera peut-être pas facile quelque temps pour toi. On risque de te demander d'aller vivre temporairement chez ta grand-mère ou chez une tante, par exemple, je ne sais pas... Mais quoi qu'il en soit, ça ne peut pas continuer comme ça... Tu es d'accord ?

La petite accepte. Ce sera l'infirmière sa confidente :

"Tu comprends, me dit-elle, elle est plus jeune que l'Assistante sociale et c'est souvent avec elle qu'on parle de plein de choses".

Gabrielle m'observe du coin de l'œil. Le camion est chargé, nous sommes prêts à partir. Je lui fais un signe. Elle nous rejoint. Je ne lui résume pas la situation. Je me contente de l'informer.

"J'accompagne la demoiselle chez l'infirmière, je vous rejoins dès que j'ai fini"

Avec un réel talent d'écoute, l'infirmière fait preuve d'empathie, d'humanisme et de professionnalisme. Elle parvient même, par de petits commentaires décalés, à faire rire Armelle. Après quelques minutes d'entretien, je prends la décision de les laisser se débrouiller toutes les deux. Je fais un signe à Armelle qui me retourne un sourire un peu triste.

"Tu t'en vas ? D'accord... Tu avais raison, je crois. C'est bien que je parle avec Madame L...

Elle hésite quelques secondes puis reprend :

« T'as un Facebook ?'

'La compagnie possède une page Facebook oui'

'Je peux vous ajouter à ma liste d'amis ? Comme ça, je pourrais donner des nouvelles'

Bien sûr, c'est une bonne idée... À bientôt alors !'

Je quitte le bureau pour rejoindre le camion. Je ne croise personne dans les couloirs désertés. Il est près de 18 heures Le collège a fermé ses portes. Je m'installe dans le camion. Gabrielle me demande de lui faire un 'rapport' plus tard lui dis-je.

Armelle n'a jamais fait sa demande d'amitié sur notre page Facebook. L'année suivante, nous avons rejoué dans ce même collège. À l'infirmière, bien sûr, j'ai demandé des nouvelles d'Armelle.

L'assistante sociale a rédigé un signalement. Suite à l'enquête sociale, une aide éducative en milieu ouvert a été mise en place. Au printemps le père de la petite a décidé que la famille emménagerait dans une ville voisine, à proximité du domicile des grands-parents paternels. Armelle a quitté le collège. Aux dernières nouvelles la mère aurait accepté de suivre une cure.

18 — ÉPILOGUE

Nous roulons depuis deux heures. Après les quelques commentaires d'usages d'après séance, un long silence s'est instauré. Bercé par le 'ronron diesel « du Van, l'équipe a sombré dans une douce somnolence. Accroché à mon volant, je lutte pour ne pas suivre le mouvement léthargique.

C'est à l'issue d'une demi-fraction de seconde d'assoupissement que je prends une décision importante. Je vais pousser le son de la radio et tant pis pour le sommeil de mes partenaires. J'espère tomber sur la diffusion de quelques rocks endiablés susceptibles de me tenir éveillé !

Je suis très déçu ! Sur les ondes, un journaliste pose la question qui tue :

'Les intermittents du spectacle sont-ils des privilégiés qui creusent abusivement le déficit de l'assurance-chômage ?'

Sans pitié pour les artisans du spectacle que nous sommes, L'homme de radio poursuit :

C'est ce que sous-entend le Medef, qui a proposé mercredi de supprimer leur régime d'indemnisation, jugé inéquitable par le syndicat patronal.'

Ce sujet, ô combien sensible pour un comédien, suscite dans la cabine du Van des réactions indignées. Miracle ! Rien de tel qu'une remise en question de quelques privilèges pour extirper de leur apathie les cas les plus désespérés. Gabrielle, soutenue par ses deux collègues offusqués, se lance dans un vibrant plaidoyer censé justifier le fameux régime fixé par les annexes VIII et X de l'assurance-chômage.

Et chacun d'entonner son adaptation personnelle du blues de l'artiste engagé et incompris vivant dans un monde voué au profit.

Je ne participe pas au débat. Ces propos revendicateurs, je les ai entendus tant de fois. Je les ai même tenus ! Les comédiens ne cessent de se plaindre, c'est bien connu ! Il existe, je le reconnais, quelques raisons de grogner, mais il subsiste tant de prétextes à s'enthousiasmer pour ce métier !

Par la pensée, m'éloignant de ce modeste colloque de militants courroucés, je repense à cette journée. Elle ne fut ni semblable, ni différente des autres. Elle fut simplement unique.

Afin de répondre à mes propres interrogations, je me livre à l'un de mes exercices favoris : je m'imagine répondant aux nombreuses questions d'un reporter.

'Vous avez choisi ce métier ? '

'Pas vraiment ! Je l'ai découvert presque par hasard en le pratiquant…'

'Vous n'aviez pas choisi le théâtre ? '

'Si ! Justement ! Le théâtre n'est ici qu'un outil, pas une finalité.

'Qu'est-ce qui vous plaît dans ce métier ? '

J'aime quand je vois une lueur s'allumer dans les yeux d'un improvisateur. Il a soudainement compris quelque chose. Il quittera la salle de spectacles avec peut-être une autre conscience du monde. Cette acuité nouvelle l'amènera-t-elle à bousculer en douceur son ordre établi ? Je l'ignore, je l'espère…

Un jour, au terme d'une représentation particulièrement effervescente un responsable de structure m'a lancé :

'Vous êtes un agitateur'

La formule m'a plu. Depuis, je la revendique. Je suis un agitateur de pensées. Par le biais du théâtre participatif, les jeunes (ou les moins jeunes, d'ailleurs) se découvrent 'capables de…'. Conscients du fait que je n'attends pas de bonne réponse, ils ne la cherchent pas. Le champ de la réflexion est ouvert. Ainsi, les spectateurs parviennent à se questionner, à réfléchir par eux-mêmes, à construire et à exprimer leurs propres pensées. Ils constatent qu'ils sont capables de s'interroger. Pour résumer, ils ne végètent pas dans une position d'écoliers passifs, ils découvrent une posture active et réflexive.

Par cette mise en mouvement de la pensée, j'aperçois souvent des changements de point de vue. J'observe la naissance de nuances dans les propos tenus, je suis le témoin privilégié de certitudes qui s'effilochent.

Cet apprentissage du questionnement autour des thèmes que nous traitons permet l'ébauche d'une métaréflexion : Pourquoi pense-t-on ce que l'on pense ? Pourquoi estime-t-on que telle valeur doit être défendue ? Comment débusque-t-on un préjugé, une idée reçue, une croyance limitative ?

Avant d'être un 'taf', ce métier est un laboratoire de relations humaines. Il carbure au partage ! Il est source de déclics que je ne maîtrise pas, mais que, parfois, je perçois. Je côtoie des gens formidables. Dans notre profession, ils sont nombreux à être talentueux !

'Et le talent c'est contagieux ?'

'Non, c'est la passion qui est contagieuse… Et d'elle, nait le talent, Je crois ! Brel disait que le talent, c'est avoir l'envie de faire quelque chose. Je pense qu'il disait vrai.

'Vos publics ressentent ce goût pour la scène qui 'échange' ?

'Je l'ignore. Néanmoins lorsqu'en fin de séance, la salle applaudit, spontanément, je pense qu'elle souhaite simplement remercier pour ces 90 minutes passées à discuter et à refaire, non pas le monde, mais bien plus modestement quelques simples situations de la vie courante.'

'Quelle est la chose qui vous satisfait le plus ?'

« Il serait plus juste de dire 'Les choses'. J'aime quand l'outil d'interaction que j'ai imaginé fonctionne comme je l'espérais et que je n'ai rien d'autre à faire que d'écouter. J'aime les entendre rire lorsque l'un de mes complices ou moi-même faisons notre show façon stand-up.

J'aime quand des adolescents écoutent, les yeux grands ouverts comme des petits de CP devant un conteur, la bouche ouverte en mode 'mérou dubitatif'. Ils semblent tellement captivés par le fait divers que je leur présente. J'entends des 'ouais'des 'ah !' des 'P… j'savais pas !' Des jeunes me demandent :

- *T'es vraiment flic ?'*
- *T'es vraiment alcoolo ?'*
- *C'est vraiment ta fille ?',*
- *Parce que tu le fais trop bien !'*
- *Elle est vraie ton histoire ?'*

Comment avez-vous sélectionné les anecdotes que vous racontez dans cet ouvrage ?'

'J'ai laissé venir à ma plume, ou plus précisément à mon clavier, les événements qui me semblaient les mieux rangés dans le catalogue de ma mémoire. Il y aurait tant d'historiettes à raconter.

Des moments de joie, de fatigue, de découragement, d'optimisme, de gaffes, de fou rire et de jeux de mots.

Des instants si longs et si courts passés à chercher le chemin pour atteindre ce gamin qui est mal, le soulagement d'y être parvenu, mais aussi parfois la tristesse de ne pas avoir pu faire grand-chose pour lui.

Des rencontres, des amitiés réelles, des gens qui partent, qui vous apprennent beaucoup même lorsqu'ils vous déçoivent.

'Que cherchiez-vous dans ce métier ?'

'Ce que j'y ai trouvé : La créativité constante et obligatoire. L'incessante remise en question de ce que l'on croit être vrai… La liberté d'être soi tout en n'ayant aucune marchandise idéologique à vendre. La certitude que personne ne détient la vérité, mais que tout le monde est en droit de défendre sa vérité. La tolérance aussi, qui j'en suis conscient, à mes débuts, me faisait cruellement défaut.

Qu'avez-vous appris en 25 ans de tournée

Je ne puis que modestement citer l'un des plus grands et plus célèbres acteurs français. Au cours de sa carrière, il a été juge pour enfants, président de cour d'assises, homme politique, clochard, médecin, soldat, alcoolique, voyou… Impossible d'énumérer la totalité des personnages qu'il incarna avec tant de justesse et d'humanité.

Il s'agit de Jean Gabin.

À l'automne de sa vie, il chanta :

'Toute ma jeunesse, j'ai voulu dire JE SAIS
Seulement, plus je cherchais, et puis moins j'savais

Il y a 60 coups qui ont sonné à l'horloge
Je suis encore à ma fenêtre, je regarde, et j'm'interroge !

Maintenant JE SAIS, JE SAIS QU'ON NE SAIT JAMAIS !

La vie, l'amour, l'argent, les amis et les roses
On ne sait jamais le bruit ni la couleur des choses
C'est tout c'que j'sais ! Mais ça, j'le SAIS… !'

Lyon, Saint-Étienne, Saint quelque chose… Le van dépose, un à un, les comédiens devant chez eux ou à proximité de leur véhicule qui depuis tôt ce matin les attend.

Je reprends seul ma route. Il me reste quarante kilomètres en solitaire. J'aime cet instant de l'esseulé sur sa banquette. Il en est ainsi de ce métier, un mélange savant et désordonné d'individualité voulue s'unissant aux amitiés rassurantes du travail en équipe !

À PROPOS DE L'AUTEUR

Après une courte carrière de conseiller juridique en entreprise, Jean Benjamin Jouteur s'est tourné vers le théâtre participatif.

Concepteur et animateur d'outils interactifs de prévention depuis le début des années quatre-vingt-dix, il est aujourd'hui consultant intervenant spécialisé dans la prévention.

Diplômé d'État en techniques d'animations théâtrales, il est également comédien psychopraticien en thérapie brève, certifié en psychologie générale et de l'adolescent.

Utilisant théâtre et jeu de rôles comme outils de formation, d'échanges, de relation d'aides et de prévention, ses outils reposent sur l'écoute, le dialogue, mais aussi sur l'utilisation artistique du fait divers et de l'imaginaire.